序

讀了本書之後，幾乎完全改變了我對於神靈的認識。改變的是什麼？當然是從「無靈」到「有靈」，從「無神」到「有神」，從「不信」到「相信」。

看了著者描述她的過去，瞭解了她和神靈之間的種種接觸。剛開始，確實產生信與不信的問題。也許我們受限於唯物觀，眼見為憑是我們認識事物的依據，看得見、摸得著的思維方式，已經根深蒂固於我們的觀念與經驗中。使很多事情，很難令人一下子就相信。今天要以物質世界的定理或定律，來證明非物質界的事情，到底是否可行呢？孰是？孰非？誰也不知道，更是無法解釋。在此，我僅能說我對書中通靈的對話，是如實地記述。告知大家。這也是我僅能聲明的。對本書中著者所寫的敘述文章、口述之詞，儘量保有原貌，不做加筆潤飾，希望以忠實的原貌與讀者見面。其中不周之處，敬請見諒。

看了書中很多的神明事例，讓我深受感動。希望我們能打開自己內心原有的善良本性，儘量的幫助身邊有困難的人們，給別人快樂，兼做自我修行。有幸希望本書，能使讀者心胸更寬，更瞭解「非人類」的「靈」並不可怕，變成「神」的靈，更是無時無刻在保佑著我們，引導我們往向善的路上前進。也希望讀者無時無刻懷著「善」心、行「善」事。讓整個世界因為有「善」而充滿溫馨！充滿快樂！

二〇〇八年　本社編輯部

自序

關於這本書，如果說有什麼話想要對讀者表達，我最想要表達的是奉勸世人多行善、多積善德、結好緣、惡事勿做。俗話說善有善報，惡有惡報，不是不報，時候未到。因為人在往生之後，城隍爺會斷定每個人一生的功過。有功者成神或再入世輪迴，有過者落入阿鼻地獄，接受一切的刑罰，直到有所覺悟為止。

還有，我要感謝我的母親和在天上的父親給予我生命，使我有這樣的天賦。也因為如此，讓我的生命變得更豐富。雖然成長的過程中，因為如此的天賦讓我吃了很多的苦頭，但也因為這樣，讓我對於周遭的人、事、物，甚至周遭的生命擁有更深刻、更細緻的觀察和洞悉的能力。

另外我還要感謝這幾年一直默默保護我、照顧我、支持我的老公及我可愛的兩個孩子。因為我們彼此陪伴，共同分享生活中的大小事情，痛苦和歡笑，也讓我的家庭生活變得更加美好。

其實會讓我鼓起勇氣，下定決心將自己的故事寫出來的原因，是因為從我有記憶以來，在我面前的人、靈、神，上演一個又一個真實的故事。再加上最近我發現人們一遇到事情，不檢討自己，只是一味地怪罪別人的心態愈來愈嚴重，所以我想要透過文字，使世人能夠藉此了解人的內在心念。自我的心念是自己「因果」的主人，與其怪命運不好，倒不如多修心養性，在自己的心念上種下穩固的生命力。

其實所謂的靈（也就是鬼魂）並不像人們所想的那麼恐怖或可怕。其實他們大部份都是非常善良的，只要我們用虔誠及尊重的心態來對待他們，他們也就不會傷人。就我個人而言，反而覺得靈界的人比人類更善良，且更單純。那是因為他們從人的世界往生後，來到了靈界，他們覺悟了，看破了人世間的貪、瞋、痴。一切的七情六慾，對靈來說，已經變得不重要了。

最後我要謝謝所有曾經出現在我面前的「神和靈」。因為遇到了你們，有你們真實故事的啟發，讓我學習到了耐心、包容心、慈悲心，讓我不管在面對種種的困境，都還能保持平靜的心，來解決困難。並對生命依然保持樂觀和感恩的心。

不管未來會如何，我現在一點也不想用我的天賦來從事謀利工作。因為我本身一點也不會算命、不會看風水、不會預測未來…等，一切都要看神靈的指示，我只是據此敘述而已。至於我自己更是一無所知了。有些神靈並不知道，或者知道也不會講。譬如：有些人問樂透的號碼、政治的走向…等。現階段對我而言，我只想做個平凡的家庭主婦，只想默默的幫助需要幫助的人或靈。

再者要奉勸讀者，惡事莫做。因為人類具有的力量和創造力是非常大且可怕的。可讓自己往天堂去，也可往地獄走，只要力量和創造力用錯方向就會讓人吃足苦頭。一出差錯想要再回頭，就變得非常困難了。在這本書中，一個一個真實的故事中，即使不是發生在你我的身上，但這好像一面又一面的鏡子，或許能夠讓你我看清楚內心深處的自己，了解自己天生具有的善心和力量。

此刻菩薩就在我身邊，祂想奉勸世人，遇到事情不要只看事物的表象，先在自己的內心省思一下，然後腳踏實地去實踐，努力去做，不要好逸惡勞。多行善事儘量幫助周遭的人們！希望能藉這本書，喚醒你內在的「善心」，用行動幫助周邊的人們。你會有善報的。

二〇〇八年 冬 秀慈

目次

一·我的自述

1 我的家庭

在1963年3月，春天的某一天，下著毛毛細雨。這一天是小鎮上一戶人家嫁女兒的日子。沒有鑼鼓喧天，沒有盛大排場，有的只是新郎倌向朋友的太太，借來的一件新嫁衣及一只戒指（也是向朋友借的），而娶這新娘的新郎倌，只穿了一套自認為還算完整的軍服。在一位軍中長官的陪同下來到女方家娶親，一切的儀式都相當地簡陋。這對新人就是我的父親和母親。

我的父親是蒙古人，他是跟隨先總統來台的軍人。母親是上海人，她是跟隨我外公、外婆一家人，依附軍隊逃難來臺灣定居的。在當時的年代裡，每一個家庭都會生許多小孩子的，我家也不例外，一共生了6個小孩。生了大姐之後，隨後又生了二姐、大哥、三姐，而我與弟弟則是媽媽口中多餘的小孩。她萬萬沒想到，在生了三姐之後，事隔7年又生了我（1977）及弟弟。因家中小孩多，只靠父親一份微薄的軍餉，實在不夠用。在沒辦法的情況下，我父母只好忍痛把弟弟送給我小阿姨領養（我媽媽的妹妹），而我則被送到埔里這個小鎮，委託外公幫忙照顧，藉以減輕負擔。

記得小時候我家住在縣裡的軍眷中村，這是一個非常典型的眷村，我的母親就在村子口，擺攤賣小籠湯包以及做軍人寄衣櫃的生意。我父親和母親的組合，是蒙古籍的軍官，配上上海籍的悍妞。我父親的個性很沉穩內斂，他的話很少，家中的事，全部都交給我母親發落。我母親的個性很剽悍，絕不允許她自己及我們全家吃別人半點虧、受半點氣。若有令人受氣的事發生，她絕對是第一個挺身捍衛家庭的人。小的時候，我父親常對我們幾個小孩說：「媽媽心情不好的時候，你們呀！最好乖一點別惹她發脾氣。不然呀！你們就有罪可受嘍！」我母親及父親平常在家中，都是各自講自己家鄉的事，說自己家鄉話。母親以上海話為母語，父親則講蒙古語。但父親和母親，卻要求我們這些孩子，在家時一定要講國語。所以，在我家經常會出現，三種不同語言的對話。

小時候家中的環境不是很好，我們所住的家，是由國防部配給的平房。這房子很小，只有2個房間、1個客廳。沒有廚房，就連基本的門都沒有。最後還是靠我外公出錢做了大門、院子及廚房。我和父親、母親及三個姐姐，都擠在一個房間，同睡在一張大床上。而哥哥則是獨立睡在另一個房間。這足以看出，父親和母親是很寵愛我大哥的。平時，家事是不用大哥幫忙的，只有姐姐們和我要負責做，如果有誰想不做家事，一定會被母親打。

我父親很喜歡吃臭豆腐，每當軍中發餉時，他都會帶我們5個小孩去菜市場買臭豆腐來吃。但每次都只買一盤，於是一個大人加五個小孩，就一起湊著吃一盤臭豆腐。父親每次都說：「下一次，爸爸的考績獎金如果領多一點，我就會給你們一人點一盤臭豆腐。」可是這個願望，直到現在都沒有實現過。

以前在我家，我們很少吃水果及肉類。通常只有二個星期吃一次。而且常常是有肉類就沒有水果。每當哥哥、姐姐問母親：「為什麼不常買水果來吃？」的時候，母親便會說：「吃飯的錢都不夠了，哪裡有多餘的錢買水果。」至於肉類呢？在那時，軍人每月可以領2、3張的肉票，用肉票可去菜市場肉攤那裡，換取豬肉回家煮。而我母親為了多賺點錢，就會把爸爸領回來的肉票，賣給鄰居，或是全部拿來包小籠包，賣給客人吃。

在我九歲那一年，父親不知何種原因，從軍中申請退伍，在友人的介紹下，去水庫任職。而這工作的薪水，比在軍中時領的薪水還要少。所以母親要姐姐們和我去打工貼補家用。三個姐姐去工廠上班，而我則去巷子口的麵攤，幫忙洗碗及打雜。剛開始時，面對堆積如山的碗總是感到害怕，甚至連晚上睡覺時都會做夢，夢見自己在洗碗。

2 第一次看見「非人類」

我第一次看見所謂的「非人類」大約在我5歲，1982年8月份的某日傍晚，我外公帶我回家省親。當時我在家裡的院子玩耍，突然之間我看到了一位身穿古時候的衣服（白色的袖子很長，頭髮也很長的女生），臉色青青的，但是看不清楚臉的模樣，只見她從我身邊走過去，坐在我爸爸專坐的板凳上。我以為是來寄衣服的客人，就立刻跑去告訴在廚房煮菜的媽媽。當時媽媽走出廚房，往外探頭一看，便問我：「哪裡有穿很長衣袖的大姐姐來寄衣服呀？」我說：「有呀，姐姐就坐在爸爸的凳子上呀！」媽媽再次探頭看後，大聲地對著我說：「哪裡有？你又在亂講話，再亂講我就割你舌頭去餵狗！」說完她便繼續低頭炒菜。那時候，我感到相當困惑。

3 M奶奶的喪禮

我8歲那年，1985年7月，我父親把我從外公那裡接回來團聚。當時我好高興啊！因為終於可以和爸爸、媽媽住在一起，再也不用分隔兩地了，而且爸爸幫我在附近的國小辦好入學登記，使我成為一個小學新生。那時我認識了好朋友M，她和我在同一個班級，而且她家就住在我家隔壁巷子。我們每天一起上學，一起玩耍。她有一個奶奶非常慈祥，但是身體不好。就在我們小學二年級時，M的奶奶去世了。我記得大約是1986年10月，M家在辦喪事。我與M在靈堂玩耍。突然在那一瞬間，我看到死去的M奶奶，她在靈堂上看她自己的照片。只見她搖搖頭，一下子就走進後棚。在當時我問M：「你確定你奶奶死了嗎？」她說：「對呀，我奶奶已經生病死掉了。」當時我很好奇，就跟著走向後棚去探個究竟。

我果然看到了一副棺材。但因我個子太小，看不到棺材內是否有M奶奶的遺體。於是，我就找了個椅子踏了上去，低著頭往下一看，「哦！奶奶的遺體果然在這裡。」同時突然聽到後方有聲音：「垃圾呀（我的綽號），你看得到奶奶嗎？」我回頭一看是M奶奶。心想：她怎麼分成二個人了呢？M奶奶又說：「垃圾呀，奶奶已死，你回頭看到的是奶奶的魂，你怕不怕？」我說：「不怕！」（其實當時我根本不懂什麼是靈魂）後來奶奶便要求我，把棺材裡她身上的衣服弄整齊，再把墊在頭下的枕頭弄端正，因她覺得有點歪歪的，有礙觀瞻。於是，我就使盡吃奶力氣把她重重的頭抬起來，也許是重心不穩，突然我一頭就栽進了棺材裡。當時，我痛得大叫。在前庭的M伯伯及M伯母聽到後，急忙趕到後棚，看到我躺在M奶奶的遺體旁邊。M伯母嚇得大叫一聲，就昏倒在地上。M伯伯見狀立刻扶起M伯母，把她送回房間休息。之後，又把我從奶奶的棺材中抱出，臉色鐵青地問我，為何去奶奶的棺材裡？我告訴他說：「是奶奶叫我把枕頭放好，我才不小心栽進去的。」M伯父不相信，便把我送回家，並把事情告訴我父母親。

我母親聽到之後非常生氣地用繩子綁在我腰間，把我吊在芒果樹上，用爸爸的軍用皮帶抽打我，並說：「死孩子！我怎麼生出你這種有病的死孩子呀！」她邊罵邊打，即便我父親阻擋也沒有用（因為我爸爸很怕我媽媽）。我母親發完脾氣後，我父親把我從芒果樹上抱下來，我哭著告訴他：「爸爸，我真的有看到奶奶，是奶奶叫我把枕頭弄好，是真的，是真的。」他一言不發，只是把我抱在懷中，用藥酒幫我清理傷口，用OK繃貼好傷口。

隔天下午，我放學回家，看到爸爸坐在門口等我。他一看到我，便叫我坐在他旁邊，一邊用手摸摸我的頭一邊說：「垃圾呀，不管你昨天看到什麼，聽到了什麼，阿瑪都願意相信你。但下次你要小心點，別再挨皮痛了。」（垃圾是我小時候的綽號，因為我是媽媽心目中額外多生的小孩，阿瑪是蒙古語爸爸的意思。）這天晚上全家在一起吃晚餐的時候，媽媽對我說：「垃圾啊，你是不是神經病呀？還是你覺得日子太好過了，怎麼整天瘋言瘋語呢？」她生氣地瞅著我的臉，我不敢回答她任何一句話，只因怕自己又要挨打了。

4 神明─保生大帝

我9歲時，1986年12月某天，天氣很冷，沒有下雨，是陰天，隔壁巷子有人在辦喪事。我和三姐從那邊經過時，看到一位婦人在靈堂拚命地擲筊杯，但卻一直沒有聖杯。這時三姐叫我別看了，而我不理她依舊要看，三姐就生氣地先回去了。我就這樣一直站在喪家門口，想看看那婦人究竟會不會有聖杯。不一會兒我看到一位面泛紅光、個子高大的男生走了進去。一下子又從那喪家轉出來，轉到我面前說：「小朋友，為什麼站在這裡？」我呆了一下，便嚇得直奔回家。

這天夜裡，我在睡夢中又夢見泛紅光的高大男子的形象。他告訴我，他是那一戶喪家的家神，是保生大帝。並且對我說了一個電話號碼，叫我明天下午放學後在家等著，說會有一位婦人來問，說畢便走了。

隔天放學後，我就守在家中一步也不離。一直到接近吃晚餐的時間，真的有人來敲我家的門。我便趕快去開門，門一開，看到的是那天擲筊杯的婦人。她焦急地哭著問我：「小妹妹，請幫我問一下你父母福田葬儀社的電話好嗎？」我告訴她父母外出了，但我知道電話號碼。於是我便把神明告訴我的號碼，抄給了那位婦人。那婦人臉上的表情馬上從焦急變成欣喜。她告訴我，死者是她的父親，她父親是死於工廠氣爆的意外。因為有很多人死亡，當時請了多家葬儀社幫忙運屍體。她父親的右手掌至今一直都沒找到，把工廠都翻遍了也沒有，已經問過好多家參與運屍的葬儀社，都說沒有，現在只剩下這一家，是唯一有希望可以找到的。她高興地給我1000元，說是讓我買糖吃。我當時就收下了，感覺好像是天上掉下來的禮物，高興得又唱又跳。

當天晚上，爸爸和媽媽回來之後，我立刻把下午發生的事告訴了爸爸，並把1000元拿給他看。他跟我說：「垃圾呀，你好心有好報，這是你應得的。」父親叫我好好妥善使用這筆錢，我就把錢存進了我的撲滿裡。

大約過了3、4天，這天我記得大約是傍晚，我在院子裡泡黃豆，準備做豆漿。

這個面泛紅光的男子突然來到我家，站在我面前。當時嚇了我一跳，仔細一看，這個大哥哥沒有腳，全身泛紅光。他對我說：「小妹妹別害怕，我是保生大帝，是你們凡人口中的『神』。」我問保生大帝：「你是神？」保生大帝說：「是的！我是神，小妹妹感謝你的幫忙，現在死者的右手掌已經找到了。你是個善良的小孩，好心會有好報的。」說完保生大帝就離開了我家。而我則繼續低頭洗黃豆、泡黃豆，幫媽媽準備做豆漿的材料。

隔天下午放學回家，我又看到那位婦人，在她父親的靈堂內燒金紙。我立刻跑去那位婦人面前，她抬起頭來看到了我，對我說：「小妹妹，很謝謝你。」我對那婦人說：「不客氣。」我走向婦人的父親遺像前，雙手合十地拜了幾下後，就走出靈堂回家了。

這是我印象之中，第一次看到所謂的「神明」。在我小時候，我一直以為，和我一樣年紀的人，都能看到我所看到的「神」及非人類。然而我發現，事實並不是這樣，和我一樣年紀的人看不到，大人們也看不到，只有我才能看到。那時每當我看到非人類時，我都會問我身邊的大人或小孩，有沒有看到我所看到的一切。回答我的都是「沒有」，並且還認定我是在胡言亂語，任憑我怎麼解釋，都沒有用。我的母親更是認為我是個行為異常、不吉祥的孩子。她最常對我說的一句話就是：「我怎麼會生出你這種有病的孩子呀！」或是：「我上輩子造了什麼孽呀？這輩子才會生出你這種垃圾！」等等之類的話。而我父親則是採取相信我的態度，不論我說什麼，他都相信。我父親曾經說過：「我生的每一個孩子，希望個個誠實品德好，所以我相信我孩子說的每一句話。」還說：「垃圾呀！你說的事（指的是非人類及神明）阿瑪全都相信。」這時讓我感覺到爸爸是這世上唯一支持我的人。

5 哥哥娶老婆，神說不可以

大約是2月的某一天，這一天下大雨，我穿著雨衣、雨鞋，背著書包趕路回家。到了家門口，我脫下雨衣雨鞋後便往客廳走了過去。當我推開客廳的紗門，進到客廳裡，看到了三個陌生的面孔和爸爸、媽媽，一共五個人。我跑到爸爸的旁邊，在爸爸的腿上坐著，仔細聽大人們在說什麼。後來才知道，原來這三個陌生人是來我家，向我爸爸、媽媽提親事的。而主角呢？則是我大哥和他的女朋友。來我家提親的三個陌生人是大哥女朋友的爸爸、媽媽及弟弟。當時我爸媽的臉上沒有喜悅，只是一臉嚴肅地坐著。我心想：「哥哥要結婚了，全家應該要高興才是呀！怎麼卻感受不到喜氣呢？」

這時我三姐從廚房端了盤水果出來，請我大哥女朋友的父母及她的弟弟吃。我看到三姐的臉上也沒有喜悅感，於是我便跟在三姐後面，抓住三姐的衣袖問：「大哥要結婚了，怎麼爸爸、媽媽和姐姐看起來都不高興呢？」姐姐說：「因為哥哥的女朋友懷孕了，但是爸爸、媽媽剛剛才知道。」就在這時，我身後傳來了一陣聲音：「這女孩子娶不得呀！」我向後轉身，抬頭一看，是一位女子，嘴裡不停地碎碎念著，不停地在我家來回走動。當時我嚇了一跳，心想：「這女子是誰？為什麼突然出現在我們家裡？」正當我疑惑時，我身後突然又有聲音傳來了，「小妹妹！小妹妹！」這時我就循聲轉過身去，仔細地看著這女子。這女孩身穿白色的衣裙，身高大約155－160，五官端正，臉泛紅光。這女子的腳沒踏在地上，離地面約有5公分的距離。女子跟我說：「小妹妹，我是XXX女士家裡的神明（XXX是我大哥女朋友母親的姓名）。」當時我問她：「那麼你來我家有事嗎？」她說：「小妹妹，我是觀世音菩薩。我來你家，是要告訴你，你大哥要娶的人脾氣不好。而且你大哥和他的女朋友都在吸毒，不能結婚呀！」正當我想再問時，不知狀況的三姐在我身後，拍了拍我肩膀，她以為我又在發呆呢。而這時，我見觀世音菩薩已經走出了家門。

到了晚上，我父母迫於無奈而答應了哥哥的婚事。那一天，我父親整晚都沒說話，全家人也都不敢去惹他（因為我父親在生氣的時候，會用不說話來表達他的沉默抗議）。然而當時的我，居然忘了把菩薩告訴我的話轉告給父親。

大哥娶了女朋友一年後，在1988年2月的某天晚上，當時我在廚房洗碗，我二姐從家裡的廁所裡慌慌張張地跑出來，問我：「爸爸在哪裡？」我說：「爸爸在院子裡乘涼。」我剛說完，二姐就飛快似地跑到院子找爸爸。我好奇的放下手中要洗的碗，趕快跟到院子。這時，我看見二姐手上拿著好幾個玻璃瓶（大約是2CC的小瓶子）及二個針筒，正在給我父親看。父親緊張地叫我二姐的名字說：「這些瓶子及針筒你是從哪來的？」二姐說：「在廁所的置物架上拿的。」父親立刻叫二姐把全家召集到客廳。

不一會兒全家都到齊了。我見大哥大嫂的神情明顯比平常要亢奮得多，父親、母親的問話也是牛頭不對馬嘴。父親和母親氣得不斷捶打我大哥大嫂。我母親哭著喊著大哥的名字：「我的兒呀，你居然和你老婆一起買毒品吸毒，真是枉費我和你父親，辛苦把你養大！」

當時我很震撼。立刻想起了一年前菩薩曾經對我說的話：「你大哥和大嫂都在吸毒。」這句話不斷在我耳邊回響著。我好懊惱，沒有立刻把菩薩交代的話告訴父母親，要不也不至於吸毒到今天。那天晚上，父母親很果斷的決定，把大哥送去勒戒所戒毒，而大嫂則由她娘家的母親帶回去管教。並於同年的4月份辦理了離婚手續。而哥哥與大嫂生的女兒則由我父母撫養。好在最後，哥哥能在勒戒時迷途知返，及時悔悟，改過向上，這才讓我的內心稍稍好過些。

6 母親把我當成「神經病」送去療養院

在我小時候，我父母親為了全家的生活，一直像個陀螺，不停地旋轉忙碌著。大約在我9歲時（1986年）父親便自軍中退伍，轉而去水庫上班。晚上下班之後，還要開計程車補貼家用。如此一來，父親由於長期憋尿，以至得了膀胱結石。在當時，得了這種病，只有開刀才有可能痊癒。這對經濟狀況不好的我家來說，無疑是雪上加霜。

面對大筆的醫療費和父親的病情，我那向來剽悍的母親頓時變得異常脆弱。我母親就開始利用白天賣小籠包的空隙時間，去各個廟宇求神拜佛，乞求父親早日康復。本來我家中從來都沒有安奉神明（佛堂），這時媽媽為乞求父親早日康復，去廟裡請了一尊觀世音菩薩回家安奉。這尊觀世音菩薩在我後來的人生中，成為影響我和一路領導我向善的一個最重要的神明。安奉神明的儀式非常簡陋，因我家窮，買不起供桌，便在竹簍內裝上觀世音菩薩，在牆上用釘子釘一個掛鉤，便把竹簍掛上，要祭拜時再把竹簍拿下來。

我父親的病況一直不見好轉，最後甚至出現血尿的狀況。在迫不得已的情況下，我父親終於答應去醫院開刀治療。父親動刀的那天晚上，母親在醫院照顧父親，而我們小孩子則在家中等候消息。這時大姐把菩薩從竹簍裡請出來，並命令我們跪好，齊心祈禱，希望父親能安然度過難關。這時我親眼看見觀世音菩薩自神像中脫離而出，菩薩微笑地告訴我說：「你父親的病會好的，這次開刀過程很順利。」菩薩說完之後，大約過了5分鐘，家裡電話響起，大姐趕緊接起電話說：「是媽媽打來的。」我們幾個小孩全都湊到電話機旁，當聽到大姐說「父親手術順利」時，我心裡的一塊石頭終於放下了。

父親經過手術之後，身體漸漸恢復了。在取得醫生同意後，辦理了出院手續，回家休養了一星期左右，父親就回到工作崗位上。母親為了履行自己的承諾，便帶了三牲四果前往廟裡還願。當時我吵著要母親帶我一起去。剛開始母親不願帶我去，嫌我麻煩，但最後還是拗不過我，便同意帶我去廟裡。我和母親在前往廟宇的途中，突然，從我身後傳出了聲音。我回頭一看，原來是我家所供奉的菩薩。她對我說：「垃圾呀！我同你們一起去，你別出聲音哦！要不然，你又會被你母親罵神經病。」於是我遵守菩薩的話，不出聲，一路靜靜地跟著母親往廟宇走去。

當我和母親到廟裡時，看到了廟宇的乩童正在辦事。此時我與母親站在天公爐旁邊看熱鬧，因我與母親從未看過乩童起乩，一直對這事很好奇，於是就一直站在那裡，我家的菩薩也一直在我身邊站著。當時誦經聲音及木魚聲都很大，那乩童口裡念念有詞，手拿三柱清香，突然向後一轉，朝我走來，到我面前立刻跪地，連續拜了三拜。邊拜邊念：「黑面三媽，拜見觀音大士。」當時我和母親嚇呆了，全場也因這突發狀況而感到不解。這時我看到我家菩薩，叫乩童起身，不要跪了。可是不知怎麼，這乩童就是執意跪著不起。當時我不知哪裡來的膽子，居然對乩童說：「我家菩薩叫你起來你就起來，還跪著幹什麼？」這時我看到站在一旁的母親，生氣的臉上一陣青一陣白，她一把揪住我的耳朵，連拖帶罵的把我帶回了家，到家之後就是一頓毒打。我原本以為這件事就這樣結束了，可是誰知道隔了一天，母親以家裡有事為由，讓我向學校請假，不要去上學了。於是母親牽著我，走到公車站，搭乘公車去城裡。一路上，母親低頭不語，臉色沈重。當時我一點都不敢問她，深怕母親生氣再打我。一直到城內下了車之後，母親才開口說：「垃圾！我要帶你去醫院看病。」我說：「媽媽我沒生病，不用看醫生呀？」母親沒回答我的話，只是牽著我的手，朝著醫院走去。

到了醫院，母親幫我掛號後，就帶我去看診間看病。看診間的醫生問了我幾句話之後，就跟母親說：「你女兒很正常，不像是精神異常的孩子。」而母親一直否認醫師所說的話，執意要求醫師讓我住院。當時，我內心很不安。

醫師在母親的一再要求下，答應讓我先住院檢查。這時，母親外出幫我去買盥洗用品，我則被護士小姐帶到了住院部2樓的一個小房間。不知過了多久，母親買來了東西，找到我後，便把東西往桌子上一放，頭也不回的跑出了房間，把內心恐懼不安的我獨自留在病房裡。

母親一走，我緊張地大哭起來，我的哭聲吵醒了住同病房的另一個病患。那是一位大姐姐，當時她正在睡覺。那位大姐姐很兇地對我說：「吵死了！不要哭了！你再哭我就打死你！」我一聽，嚇得不敢再哭，立刻躲到牆角的椅子上坐著。不知過了多久，二位護士阿姨來到病房，走到我面前。其中一位阿姨摸摸我的頭，對我說：「小妹妹，你媽媽執意要讓你住院，可是我們不能讓你住在這兒。」另一位護士阿姨說：「你知道家裡電話號碼嗎？」我高興地站了起來，對二位護士阿姨說：「我知道！」隨後就把家中電話號碼告訴了她們。二位護士阿姨記下後說：「我們會聯絡你家人來接你回家的。」

大約到了傍晚，父親就來到了醫院。父親見到我後，立刻把我抱在懷裡，一直把我抱著走出醫院，直到坐進父親的車子裡。在車上，父親一邊開車一邊問我：「媽媽怎麼會帶你來住院？」我跟父親說：「不知道。」父親接著問我：「昨天你和媽媽發生了什麼事？」於是我將昨天在廟裡所發生的事告訴了父親。父親聽後對我說：「垃圾呀！你的世界是與一般人不一樣的呀！下次你要再看到菩薩，千萬別告訴任何人。尤其是你媽媽，知道嗎？」

父親的車很快地開到了家門口，我高興的立刻開門下車，飛快得跑回家中，父親也隨後走進了家。這時母親正站在院子裡，看到了我，便對父親說：「接她回來幹什麼？」父親氣憤地說：「垃圾她是正常的孩子，她沒病，我當然要接她回來。」於是父親和母親大吵了一架，母親氣得收拾衣服回了娘家。

大約過了兩天，舅媽從媽媽的娘家打電話給父親，要父親去接母親回來。只見父親很不高興的立刻把電話掛了。這時三姐問父親說：「爸爸，你真的不接媽媽回來嗎？」父親生氣地說：「要回來，她自己坐車回來！」父親說完之後就進房間休息，而我母親則在大約一星期之後，自己坐車回到了家裡。

7 我對香菇過敏

第一次發現我對香菇過敏，大約是在2歲的時候。那時據舅媽說，只是全身起疹子，只要吃點抗過敏的藥物就好了。沒想到，8歲那一年，嚴重的香菇過敏差點要了我的命。

1985年12月的一天，記得那天我們學校午餐吃的是糯米飯，飯裡有摻小塊的香菇，而我沒發現，就這樣吃下一大碗的香菇糯米飯。就在我吃完飯準備收拾餐具時，突然感到呼吸不順，胸口很悶，眼前一片黑暗，就昏倒在教室裡。

等我甦醒時，已在醫院的加護病房裡。當時的我口中插著胃管，鼻子接著氧氣管，下體又插導尿管。想講話，只覺得全身虛弱無力。再加上口裡插著管子，也沒辦法開口。當我看見父親及所有姐姐們時，覺得恍如隔了一個世紀這麼久。身體的虛弱，加上高燒不斷，我又昏睡了過去。就這樣，一直持續了好多天。

剛住院的頭一、二天，每天甦醒的間隙還能看見父母親來加護病房看我。但後來父母親就變成兩天來看我一次。由於我持續發燒，所以醫師一直不肯讓我出院。有一天，母親和三姐來看我，三姐告訴我說：「你今天一定要出院了，因為你住院以後，為了付醫藥費，爸媽已經向朋友借了好幾萬元，實在是再也沒有辦法借錢了。」於是，我就在母親的堅持而醫師也勸阻無效的情況下，由母親辦理出院回家休養。

在家休養期間我仍是反覆發燒，沒胃口吃東西。每次母親走進我房間便會說：「我怎麼會生出你這麼個折磨人的孩子？」而父親仍是白天上班，晚上開計程車，為了還錢不停的工作。

記得在12月的某個星期三的下午，母親來到我房間，一把將我背起來，我問：「帶我去哪裡？」母親沒回答，把我一直背到了門口。只見我家門口停著一輛三輪板車，母親把我放在板車上。隨後又拿了一床棉被及一個大竹簍，母親幫我蓋好被子，把大竹簍放在我旁邊。之後母親就上了板車，朝大路騎去。一路上任憑我喊破喉嚨：「媽媽，你要載我到哪裡去啊？」母親就是不理我。

不知過了多久，母親終於停下車，回過頭來對我說：「你這個孩子，留在我們家是折磨我，也是折磨你自己。」說完便把大竹簍放地上，扶起我，把我放進大竹簍裡。當時我拼命地從竹簍裡掙脫出來，大喊著：「我不要在這裡！」可是母親卻對我說：「如果有人在這看到你，把你撿回去，那是你的命大。如果沒人看到你的話，也別怪我無情。」說完以後，轉身就騎上三輪板車，任憑我怎麼哭喊，她頭也不回地騎車走了。只留下了因發燒且哭喊到沒力氣的我，跌坐在大竹簍的旁邊。

那一天的天氣好冷啊！我好恐慌好害怕。這環境既陌生又荒涼，周圍全部都是墳墓。當時我全身無力，連站都站不起來。後來，我看到身後有一個墳墓，墳墓很大，還有亭子，於是我便用盡力氣爬到那亭子裡，用僅有的一條棉被包裹著自己。那時的我，昏昏沈沈的實在撐不住就睡著了。

當我醒來時，看到了一位老爺爺和一位老奶奶。這位老爺爺一直叫我別再睡著了。而我也在心裡告誡自己，不可以睡著了。旁邊的老奶奶問我：「小妹妹呀，你怎麼會在這裡呀?這墓園是我和老爺爺的。我看你病得不輕呀，千萬別睡，千萬別睡呀！」這時天已黑，夜裡墓園的冷風吹起來特別的刺骨。雖然老爺爺一直不停地說故事給我聽，叫我別睡，可是我那重重的眼皮依舊是不聽使喚地想要閉上。

就在這時，我似乎聽到遠處有人在呼喚我的名字，於是我靜心仔細地聽，是我父親的聲音。我跟老爺爺和老奶奶說：「是我父親。」我用力地大喊：「爸爸！爸爸！我在這裡！」父親的聲音越來越近了，此時我拿起棉被的一角吃力地揮舞著大喊著。好不容易父親終於看到了我，他立刻停下單車，跑步來到亭子。當時我好高興啊！但因發燒體力不支又昏了過去。父親立刻抱起我，緊張地跑向有人住的地方求救。這時一位好心的先生，用他的轎車載著昏迷的我及父親送往城裡的醫院求診，但城裡的各大醫院都拒收我。最後迫不得已，父親只能把我送到三軍總醫院掛急診，醫師看診後，立即讓我住加護病房。由於我的氣管腫得太嚴重，再加上高燒不退，所以醫師給我父親發了病危通知書。

不知過了多久，我終於醒了，第一眼看到的就是父親焦急的神情。父親趴在我身上抱住我說：「垃圾呀！我的女兒呀！你已經昏迷三天了，可把阿瑪嚇壞了。」隨後，父親便告訴我，他要回家去處理一下事情。當時，我看到父親臉上滿是憤怒，我因喉嚨插管無法說話，但我知道父親回家一定會跟母親吵架。後來姐姐告訴我，那天父親把母親打得鼻青臉腫，兩人差一點就要離婚。

我在三總醫師及護士的細心照顧之下，病情愈來愈好轉，大約過了一星期，在醫師的同意之下，辦理了出院手續回家休息。

8 我國小一、二年級的班導師

小學時期的我，沒有什麼朋友，班上只有兩位同學肯和我玩。其他同學都因為我穿得破爛不願意和我做朋友。當時我所穿的衣服都是姐姐們穿了多年之後，才留給我穿的，而且上衣和裙子都很長。班上同學都取笑我，並給我封了個綽號叫做「長毛鬼」，因為我身上的汗毛很長，再加上我學校的制服很大，裙子很長，因此給了我這樣的封號。跟我要好的同學一位是M同學，另一位是P同學，而我這兩位好朋友都和我同樣有個共通點，那就是我們的家都很窮，也都是撿哥哥姐姐的衣服來穿，但她們倆個的人緣比我好。因為我天生的異樣能力，連班上的班導師也對我投以異樣的眼光。

在我小學一、二年級的時期，帶領我們班的導師是女生，當時老師剛從師專畢業，來到我們學校教書。我記得一年級新生入學，老師在教室裡向我們班上介紹她自己的經歷時，我看到了二個嬰兒在老師身邊爬來爬去的，且全身上下都沒有穿衣服。那時我問了坐在我後面的同學：「喂，你沒有看到老師旁邊有兩個小嬰兒呀？那兩個小嬰兒你認識嗎？」而那位同學說：「哪裡有小嬰兒呀？」我肯定回答說：「真的有呀，而且都沒穿衣服。」這時那個同學被我嚇得大哭起來。老師立即走到她面前，問：「發生了什麼事？」那位同學就把我說的話，一五一十地告訴了老師。老師隨即把目光投注到我身上，並叫我立即跟她去導師辦公室。

到了辦公室，老師便要我把雙手伸出來，用藤條打了我幾下。還要我以後別亂說話。但是那時侯我還是堅持說：「老師，我真的有看到，而且那兩個小嬰兒現在還在你的腳旁邊爬來爬去的，真的啦！老師，我說的是真的！」老師根本不聽我解釋，並且告誡我說：「你再胡言亂語，我就把你送到啟智班去。」這時我難過得一言不發，心裡想著，我明明看到那兩個嬰兒，老師為什麼就是不相信呢？

這事一直到我大約20歲的時候，我才弄明白。那一天，我在家附近的菜市場碰到了小學一、二年級的班導師。老師告訴我，當年我看到的二個小嬰兒其實是她墮胎拿掉的二個孩子。因當時在那個年代，未婚懷孕是個很大的事情，再加上那時她即將和現在的老公結婚，不想節外生枝，因此而選擇逃避。而且她對我的「天賦異秉」感到害怕，所以不敢面對我。那天，老師後悔的直對我說抱歉。當時我感到訝異，萬萬沒想到老師會怕我，並且對我說出了深埋在她心裡多年的秘密。記得那天我告訴老師：「老師，你的兩個嬰兒還在你身邊，我建議你幫這兩個嬰兒超渡，讓他們安心投胎去吧！」這時的老師，終於把我的話聽進去了。她說：「我會把這兩個孩子的事告訴我先生，請他原諒我。並且一定會想辦法超渡這兩個孩子，因為我不想一輩子活在愧疚與不安裡。」老師的這件事情讓我領悟到，人不能因為一時的快樂而造成一輩子的遺憾。

9 姪女被大嫂強行抱走

在我讀小學的時候，每逢星期六、星期日學校放假，我都要幫忙帶大哥的女兒。

每次都要背著姪女去菜市場幫忙母親賣早點。那時的我很瘦小，體重只有20公斤，背上9公斤的胖娃娃，常常會重心不穩的跌倒，摔得自己和姪女頭上滿是大包小包，肩膀上也常常留下背帶勒痕及破皮。

1986年6月的某個星期六早上，我像往常一樣背著姪女，從家裡出來前往母親的早餐攤子。途中經過村裡的籃球場，有好多人在打球，我立刻被這熱鬧的景象吸引住了。不知看了多久，正當我要轉身離去時，眼前突然一陣黑暗。接下來，我看到了多年不見的大嫂，帶著三個男的來到我母親攤子上，要把我姪女搶走，又見母親去警局報案。

隨後看到警員先生將我姪女送回我家……當時，我嚇了一大跳，雙腿無力的跌坐在地上，內心告誡自己：「這是不可能的！絕對不可能的！」然後我站起來，一邊走一邊說服著自己，「這一定是幻覺，不能當真。」

到了母親那裡，在幫我母親磨豆漿的時候，我忍不住把看到的情景告訴了母親。母親聽後，便斥責我說：「你要再胡說一句，我就撕爛你的嘴。」我嚇得不敢出聲，繼續低頭磨豆漿。

到了接近中午時分，我和媽媽準備收店。我在洗碗，背上的姪女哭個不停，我便鬆開背帶，抱起來哄她，但她還是哭個不停。此時母親說，把她放入學步車裡，讓她自由活動。我照母親說的，把姪女放入學步車後，繼續洗碗。過了不久，我聽到有多台摩托車的引擎聲在店門口徘徊。我起身抬頭一看，看到了許久不見的大嫂，她帶了3個男生走近攤子，對母親說要把姪女抱走。我和母親急忙攔著他們，堅決不讓她把姪女抱走。這時雙方一直僵持著，我心裡又急又緊張，趕忙打電話告訴正在上班的爸爸。此時，大嫂和三個男生，隨手拿起店裡的鍋子、鏟子朝我母親砸下去，並強行抱起了我姪女。母親馬上衝上前去極力阻止，結果又和對方打成一團。我在一旁嚇呆了，不知如何是好，又跑去找隔壁的伯伯嬸嬸來幫忙。但是，伯伯嬸嬸也無法阻止對方。最後，大嫂和三個男生，抱起因驚嚇大哭的姪女，騎著摩托車揚長而去。這時母親用憤恨的眼神對著我，走到我面前，在我臉上就是一巴掌，並用雙手捏著我的臉，氣憤地說：「你這孩子，真破格！」接著對我又是一頓亂打。我難過得逃出了早餐攤，一個人在街上閒晃至傍晚才回家。

回到家裡，我看到爸爸難過得坐在椅子上，向我招招手，讓我坐在他旁邊。當我坐下時，爸爸摸摸我的頭說：「孩子委屈你了，今天的事爸爸都知道了。趕緊去洗臉，等會兒，爸爸帶你和媽媽去報警。」報警幾天之後，警務人員就把姪女送到我家來了。這件事情，當時讓我感到非常的震驚、惶恐和害怕。

10 大陸的來信

大概是我10歲，1987年的某一天晚上，電視臺的新聞正播報著總統蔣經國先生宣佈開放兩岸探親的消息。父親聽了這個消息高興得一夜都沒睡，隔天一大早就去書局，買了信封及信紙，並且打了電話給我大姐夫，請他來家幫父親寫信。

到了中午，大姐夫來到家裡幫我父親寫信。他先詢問了父親，書信內容要寫些什麼？這時我看到父親眼泛淚光，訴說這幾十年裡，無時不刻地在思念著他的父親和母親。當大姐夫把書信內容寫完後，接著要寫信封地址時，父親呆住了，因為已事隔40多年了，父親他早已忘了家鄉的住址。最後父親憑著僅有的大概印象，讓大姐夫書寫了地址。由於當時臺灣還不能直接與大陸通信往來，因此父親就把書信託日本的好友轉寄到大陸去。

兩個月之後的某個傍晚，我正在家院裡晾衣服，這時郵差先生騎著摩托車來到我家門口，大聲喊著：「ＸＸＸ掛號信！」我立刻轉身走到客廳，拿了父親放在抽屜裡的印章，交給郵差先生簽收後，拿到了一封信。信的封面寫的全是日文字，我把信放在口袋裡，心想著等父親下班一回家就馬上拿給他看。於是我繼續把衣服晾好。

已經很晚了，父親開計程車還沒回家，我就躺在床上，睜著眼睛等著父親回來。過了很久，我聽到門口父親開門的聲音，急忙下床，拿著信就跑到客廳給父親看。父親一見信好高興哦！並叫我趕快把信念給他聽。當我把信拆開之時，隱隱約約聽到陣陣的哭聲，我確定這哭聲是從信封裡發出來的，我呆住了！這時父親拍了我一下，著急地問：「信裡寫些什麼？」我趕忙看信，告訴他：「爸爸，這封信是一位叫ＸＸＸ的人寫給你的。」父親說：「那是我的大妹，也是你的大姑姑。」接著我又告訴他：「信裡寫著，爺爺、奶奶都健在，很想和爸爸你見面，並希望全家能早日團圓。」父親聽了之後，高興地從我手裡接過信，走向自己的房間。而我還困惑地想著信封裡的哭聲。

１９８７年10月份的某一天，父親召集全家人來到客廳，告訴我們，他把計程車賣掉了，湊了40多萬元，要帶我們全家去大陸探親，並且已經把全家人的護照都辦好了。

返鄉時間定在元月10日。

終於到了返鄉探親的日子，我們全家從中正機場搭機前往香港，再由香港轉機到北京，然後再從北京搭乘3天2夜的火車到父親的故鄉——蒙古。下了火車，全家人都弄不清方向，因為這火車站實在是太大了。當全家人走出車站到了迎客大廳時，父親一眼看到，有人拿著一個大板子，板子上面寫著「歡迎XXX全家返回家鄉」。父親急步向那個人走去。走近一看，啊！是我奶奶！頓時，他們相擁而哭。事隔40年的父親，終於和奶奶相聚了。此時我赫然發現，原來發自信裡的哭聲是我奶奶的聲音。聽姑姑說，奶奶自從父親從軍之後，天天以淚洗面，整天掛念父親是否還活在人世。40多年過去了，當收到父親自臺灣寄出的信時，知道父親還活著，真是百感交集。奶奶馬上叫大姑姑寫回信，在大姑姑寫信時，奶奶和大姑姑又是抱頭痛哭，真是一股腦兒地把這40多年牽掛的思緒全都迸發在信裡了。

11 菩薩做我的家教

記得小學一、二年級時，我的功課很不好。一年級第一次考試，我的數學成績只有10分，國語20分，總而言之只有一個字可以形容，那就是「爛」。還有一次拿成績單回家，母親看了之後，就揪著我的耳朵說：「你真是個豬腦袋，低能兒！」就連一向最挺我的父親居然也對我說：「垃圾呀！或許你真的不是一塊讀書的料呀！」說完摸摸我的頭，嘆了很長一口氣，一語不發地走進房間。

那天晚上，我很沮喪地獨自坐在院子裡。心想自己在學校上課時，也是很專注聽課的。但是不管我怎麼專注，就是聽不懂老師在課堂上講的內容，更不要說融會貫通了，這以後要叫我怎麼辦呢？我真是越想越難過，就無聊的拿起小石頭往地上一個一個地砸。砸了一會兒，正想起身回房睡覺時，看到了我家菩薩從客廳走了出來。菩薩走到我面前對我說：「垃圾呀！別氣餒，這次考不好，下次再考好一點就可以了。」我跟菩薩說：「老師上課講的內容，我都聽不懂，ㄅㄆㄇㄈ都不會寫，也不會拼音。」菩薩說：「沒關係，你從明天開始，把攤子的碗洗完後，就在院子裡等我，我來教你。」

從此以後，我每天從麵攤下班之後，就在家中院子裡等候菩薩來教導我課業。我們用樹枝當筆，泥土當黑板，再加上50燭光的燈泡，就這樣，每天在院子裡艱難地學習著。從注音符號的認識，一直到數學的邏輯概念。通過這樣不停地重複練習，我終於可以稍微跟上學校的進度了，並且漸漸聽懂了上課的內容。等到我第二次月考時，成績雖然也還是全部不及格，但在分數上已經有了進步。尤其是數學，我考了58分，足足比第一次考的10分進步了40多分，這讓我好高興！我開始也愈來愈有信心了。從此以後，我每天都很期待夜晚的到來。我家的菩薩，她不僅教我課業，還教我做人處事的道理，偶爾還會說些她尚未成道前，在人世間發生的一些事情。我每次都聽得津津有味，實在是好快樂喔！

菩薩的課後輔導，一直延續到上國中才結束。結束時我的功課已經在班上是名列前茅了。

12 賣烤香腸的攤子

那時我11歲，1988年冬天的一個晚上，天氣非常冷，我像往常一樣，在麵攤工作。這天客人很多，一直忙到很晚才打烊。在回家的路上，大部分的店都休息了，我只有看到一個賣香腸的攤子，而且這個攤子前面擠了很多人。當時我心想，這家的香腸一定很好吃吧！四溢的烤肉香味，誘得我忍不住湊上前去排隊買香腸。我在攤前排了很久，就是不見老闆把烤好的香腸給客人，只顧坐在椅子上灌香腸（就是把豬肉灌到大腸膜裡）。正當我疑惑時，老闆抬頭看到了我，便急忙起身問我：「小妹妹，你要買什麼？」「我要買一支香腸。」

只見老闆拿起放在盤子裡被烤得半熟的一支香腸，到烤爐上加熱。此時，那些人依舊站在攤子前面，這些人中有男有女，年齡都在10到20歲左右。過了幾分鐘，老闆把烤好的香腸遞給我，我奇怪地對老闆說：「這些客人比我先來，你把這香腸先給他們吧。」老闆四處看了一下說：「小妹妹，我這攤子前就你一個人啊。」經老闆這麼一說，我便睜大眼睛，仔細的看看那些人，突然發現這群人的腳都沒有在地上，而是懸空的。再看他們的臉，有的模糊有的清楚，臉色都是青青的。我頓時腦子一片空白，回不過神來。這時攤子的老闆拍了我一下肩膀說：「小妹妹，你別嚇我！」就在這時，那群人都轉身看著我，其中的一位女生對我說：「你看得到我們嗎？」我一下子嚇得放聲大哭一邊奔回家中。

跑到家裡馬上躲到床上，用大棉被把自己緊緊地包裹著，連眼睛都不敢睜開，全身發抖的哭著。我的哭聲，吵醒了熟睡的爸爸和二姐，爸爸掀開我的被子，問我發生了什麼事？我對爸爸和二姐說：「我又見鬼了！」二姐擺出一副「又來了」的表情，這表情的意思是指我又在編鬼故事了。我家除了爸爸之外，其他人對我都是這個態度。

那一晚我整夜沒睡，內心充滿了恐懼，把自己包在棉被裡，暗自流淚到天亮。

第二天早上，我是全家最早起的人，應該說我是一夜未睡。我獨自呆坐在客廳裡，一直到感覺大姨媽觀音（我對我家觀音的稱呼）從外面回家後，才開始安下心來。（從小到現在，每次有神明出現時，我全身就會起雞皮疙瘩。）

13 男植物人

那是在初中二年級，我看見有個20歲左右的女子靈魂，一直站在我們學校附近的一間文具店門口，每天只要走路回家就能看到。從小學五、六年級開始，我就有這樣的想法：「凡事有看到當作沒看到，眼不見為淨。」但是，每當我上學、放學時都會看到那女孩，而且已經過了一個多月，她還是每天站在那裡，我忍不住就問了她。她說：「你看得到我？」我說：「是呀！」她說：「那你之前為什麼不理我？」我說：「討厭理你！你到底有什麼事情，要一直這樣子站著？」當時我心裡就告誡自己：「她講歸她講，我只是聽聽而已，不要去管她的事。」她跟我說：「在等男朋友。」原來，她生前和男朋友一起出了車禍，她當場死了，但不知道男朋友的狀況如何。我聽過就對自己說，「還是不要管吧！」免得麻煩。

但是，自此之後的三、四個月裡，她就一直跑來求我幫她找男朋友。而我在上下學經過路口時，就特意跟她反向而行。但她會想盡辦法在我旁邊，讓我覺得躲不掉。然後我把遇到的情況跟好朋友講了，好朋友說你怎麼不早講啊，我們可以一起去幫她呀！你這個人怎麼這樣鐵石心腸呢。後來一想我也真是的，好！那就去幫幫她吧！我先去問她男朋友的家在哪裡？她講：「在台北。」我心想：「台北？拜託！我們住的小鎮，離臺北還有一段距離，怎麼去呀？再說這又是去找人，怎麼可能呀？」後來想想沒辦法，為了要幫她，我們只得利用週末，去幫忙找一下。

一開始照那女生講的地址是新莊。騎著摩托車到了新莊，才知道已經搬家了。既然搬家了那怎麼再查呢？但看她那副急切想知道男朋友狀況的樣子，我只好說：「今天已經很晚了，下一個星期天再找吧。」這下新莊是找不到了，那要怎麼辦呢？我與同學兩人實在是發愁。這時，我同學說，不如再延遲幾個禮拜，我們放暑假的時候再去找找吧。那女生說：「好呀。」到了暑假，我們就去新莊附近的一個戶政事務所，拜託人家幫我們查。我們自稱是這男生的遠房親戚，從南部來找表哥，現在不知道他去了那裡。事務所查後告知，他們家搬去土城了。我們要了地址又去土城找，可是那天我們去的時間不湊巧，家裡沒人，等了很久也不見有人回來。隔了一個禮拜我們又去。敲門後，有個男生（男朋友的弟弟）拉開鐵門問：「你找誰家的人？」我說：「我們是替一個林姓女生，找X先生。兩三年前發生車禍至今，都沒有聯繫，所以讓我們特意來看看X先生。」不料，他聽完後，就把鐵門拉下不理我們了。

奇怪！什麼待客之道？之後，我們在門口等了很久，就是不見開門，再怎麼敲也沒人開門。就這樣，連續去了三次都沒有結果。第四次去的時候，碰到他媽媽，他媽媽問：「真的是那個女生要求你們來看X先生嗎？」「真的！真的！」我們說。他媽媽說：「這個女生怎麼這樣，當時還是男女朋友，車禍之後怎麼就再也沒來看他。」我們告訴她，女孩在車禍中當場去世了。當時，兩人被分送至不同的醫院救治，所以不知道男方的消息。然後他媽媽又問我們：「你們又是怎麼找來這裡的？」我就把情況跟她講了。他媽當時也沒讓我們進去，只是對我們說：「那我進去跟我小兒子講一下。」等了十幾分鐘後，那個男生出來了。說：「好吧，我帶你們去。」

他叫我們騎上摩托車，說帶我們去一個醫院。我依稀記得是一個國軍的醫院，在羅斯福路附近。我們略覺奇怪地跟著他來到醫院，好像是在第六棟病房，房號忘記了。然後他推開房門說：「我哥哥在裡面，他現在是植物人。這段期間的醫藥費已經導致我們把新莊那個家賣掉了，現在我們住在土城的房子是租來的。」我們進到病房，看到他哥哥渾身上下都插著管子。這個弟弟告訴我們，他哥哥自那場車禍後至今未醒。他們全家一直以為那個女生是為此而離開了他哥哥，覺得那女生太薄情寡義了，根本就不知道她當場就已經去世了。

那天下午，我們馬上回去跟那個女生講了她男朋友的狀況。然後，又帶著她去那間醫院。那時，我們已經沒有力氣再騎摩托車了。我們只能坐國光號到塔城街，然後再轉計程車去到醫院。我們進到病房，跟病床上的男生說：「你女朋友來看你了。」說也奇怪，他的眼淚馬上就流了下來。那女生當時很難過，看了男朋友的狀況後，她說：「我現在知道結果了，我會放下好好地走的。」那天，我們見到病床上的男生，雖然四肢不能動，但是眼淚卻一直在流。他弟弟看到這一切，也相信了，就此把原來的誤會解開。

14 看風水

唸高職時，學校那邊有個墓地，每次放學，學校的校車都會從那邊經過。我有個很要好的同學，她家就住在學校附近。在我高職二年級的時候，有一次去她家，就在學校的下一站下車，走在路上時，耳朵裡就一直聽到有人在哭，同學當時根本不知道我有這個能力，我也就一直忍著沒有說。

過了一個多月後，我又在去同學家的路上聽到了哭聲。這次我再也忍不住了，等從同學家裡一出來，我就去哭聲的地方問了。問的結果是一個阿婆，她已經死了。她說她的婆婆在欺負她，因為她婆婆在她生前對她不好，再加上她婆婆的墓就在她的上面一排，所以她認為在她死後她婆婆仍舊要欺負她。我說你們兩個都已經死了，哪還有誰會欺負誰呀！她說因為她婆婆的墓在上面一排，她的墓在下面一排，可是不知道為什麼她那邊沒有辦法化掉。她問我：「你能聽到我的哭聲嗎？」我說：「聽得到你的哭聲，但也沒有辦法幫妳什麼呀！」然後我就走開了。

沒想到，接下來的一個多月，她就一直纏著我，要拜託我打電話給她的家人。我對她說：「我不要！我不要！我不要！」沒想到，她不僅纏得我渾身上下痛到不行，還使我眼淚鼻涕一直流。這期間，我去看了中醫、西醫都不見好轉，我實在受不了了。無奈之下，只好對她說：「好啦！好啦！你告訴我電話號碼，我幫你去打，但是能否打通不關我的事。」

第一次，我跟她家屬通電話，好像是她孫子接的，嗯嗯哈哈的沒有理我，就把電話掛斷了。我想反正我已經打過電話了，也算是仁至義盡啦。隔了一個多月後，她又來了，說：「你好人做到底，再打一次電話好不好，你跟我那孫子講沒有用。」「好、好、好，我再打一次，但是你再也不要把我弄得全身上下不舒服好嗎？」之後我又撥通了電話，那次是她兒子接的，我就跟她兒子講，你媽媽被你奶奶欺負，你媽媽的陰屍沒有辦法化掉。她兒子就用一句台語講，「甘阿呢？（台語）」（會這樣子嗎？）我就據實跟他講，因為聽到你媽的哭聲，哭得很慘。結果還是一句「甘阿呢？」就把電話掛掉了。

後來，我就一直打電話過去。她兒子說：「這樣子好了，你既然說你知道我媽媽的墓在那裡，那麼我們明天下午就去那裡。」然後就問了我的名字和明天穿什麼顏色的衣服。我想，他一定以為我是敲詐的。第二天，我真的去了。見面後，他兒子就問我：「我媽真是那樣講的嗎？」我說：「對呀。要不然你去那個佛具店買兩個筊杯，你自己去卜吧。」他果真去買來筊杯，開始一直卜杯，大概卜了20多次，一直都是聖杯，沒有陰杯，他這才開始慢慢相信。後來我告訴他，你要是還不太相信的話，那可以把那個土稍微挖起來一點，我指著他媽媽的墓說：「你媽媽那個墓在這裡，她的頭在這邊，腳在那邊，因為有滲水，你媽媽的腳骨在痛。」然後，他們就挖了下去，結果真的有一灘水，他才徹底相信了。後來，他們家裡人說，這事要去請風水師來幫忙處理。我想，已經把這事情做到這一步，應該不會再有我的事了吧！

可是過了一個多月之後，他兒子又打電話來我家，我問：「你是誰呀？」他說：「我是上次那個大哥，想請你再幫幫忙好不好？」隨後說：「我請了好幾個風水師都不敢去幫我母親撿骨、看風水啊！」我說：「你讓我考慮一下。」那時我畢竟還是個高中生。想了想，以前小時候常常跑去墓地偷看過，覺得也沒什麼可怕，也不會少掉半塊肉什麼的，就回答說：「好！那就去吧！但是撿骨的時間，你們自己看著辦，只要把確定的時間告訴我就好了。」

那一天，她兒子請了很多人，有挖土的、有開棺的、還有充當撿骨師的我。結果那個棺蓋一打開，臭氣薰天，我看見棺材裡屍體上的衣服，經風一吹就化掉了。手上的指甲很長，毛髮還在長。臉上還有皮膚，只是變黑了。我當時看了，嚇得一直要吐，但是已經答應人家的事不能不做啊。她的家人都不敢去撿骨（有的地方已經爛到骨頭了），我叫她兒子去撿，他已經跑到山溝邊去吐了，叫她媳婦去撿，她媳婦說懷孕了，不方便。最後只好我幫忙撿。接著，就把棺材裡的屍體抬出來，放進旁邊的新棺材裡，然後，馬上由她家人送去火葬場火化。此事一做完，我就下定決心以後再也不幹這種事了。

那一次他們給我一個紅包，有兩萬八千元。這兩萬八真的不好賺。我記得那天學校是校慶，我沒去，還騙我媽媽說要早點去學校，因為開棺是在早晨四點鐘。墳場的陰風吹得我寒毛直豎、冷汗直流，一路上驚魂未定，連怎麼搭公車去學校，都不記得了。

15 殯儀館裡做化妝

那時候，我在醫事職業學校念護理科。事情發生在高一下的那年暑假，每到暑假，我都要去打工。六月份學期末的時候，老師問誰要打工，我跟我朋友就舉手。老師看了我們兩個說：「你們要去的地方，工作性質不一樣喔，我有一個朋友，他們那裡正缺工讀生，你們再想想吧！」當時我們也沒想那麼多，加上老師說工資是按件算的，一件是2千塊。這對我們來說好多呀。看我們想去，老師給了我們一個地址，讓我們去那邊報到。

學校放假的第二天我們就照著地址一路找去，找到最後才發現那地方叫第一殯儀館。我還以為是地址抄錯了，而朋友確定的說：「對的，不可能抄錯，要不，打電話去問問老師。」結果老師說沒錯，就是這個地址。我說這裡是第一殯儀館哎？老師說：「同學，老師當時不好意思明說，是怕嚇倒你們。」這怎麼辦呢？掛掉電話後真想拔腿就跑，可是朋友說既然已經來了，看看狀況再說。

然後照著老師給我們的人名，找到了姓李的先生。他跟我們講，這個工作就是把屍體清洗完之後，給屍體穿上衣服，進行梳整，化妝。當時我倆很好強，心想一年級大體解剖都看過了，做這個應該也沒什麼可怕的，再說又不是單槍匹馬，正好與朋友倆人一組，這樣一想，我們當時就答應了，約定隔天早上八點來上班。就這樣，開始了暑假打工，並且持續做了三年。高職三年的暑假幾乎都是這麼過的，每逢星期六、星期天，工作忙不過來時，還會叫我們加班。

高一暑假做了一個月多後，我倆也比較有信心了。在8月份，這一天好像是星期六或是星期天，我在家休息，這時殯儀館打電話給我說：「下午有一個案件，我們忙不過來，你要不要過來幫忙。」我想在家也沒事，就答應了。

我去到那裡，看到一個十七、八歲的女生，因為我從小對死人並不是很害怕，常常會看看他們長相怎樣。這個女生的長相我當然也看了。記得那女生長得蠻漂亮的，因為頭髮有點參差不齊的纏繞著，梳也梳不開來，我就把她立起來，想把她的頭髮稍微修剪一下，這時我的全身起了雞皮疙瘩。（一般有靈要來的時候，我全身就會起雞皮疙瘩。）我想奇怪啊，我們家神靈又沒有反應，（一般會跟我打招呼）。當時也管不了那麼多，我只顧拿著剪刀修剪這女生的頭髮，突然我聽到後面在喊：「麻煩你修整齊一點。」我還以為是其他工作人員在喊呢，可是那時的我，是背對著牆壁，後面沒有人啊，當時也沒想那麼多，再剪。「嘿！我叫你給我修整齊一點，你在幹什麼嘛？心裡想什麼事情呢？」聲音從我背後發出。我回頭一看，咦，這人跟我正在修整的大姐長得一模一樣啊？我問：「哎，你怎麼在這裡？你不是應該去報到了嗎？」她說：「我怕你們這些人把我的身體亂弄啊。」我說：「你走了，還要漂漂亮亮的啊！」她又問我為什麼可以看到她，我說，我也搞不清楚。

她很吹毛求疵地要求我：「別給我的頭髮剪那個很難看的一排直線好不好？你給我這樣斜斜地剪，要剪得有點層次感。」「好好！我聽你的。」我按照她的意思把頭髮修好，再把她扶躺下來，開始進行臉部清洗、化妝。當我拿起自備的化妝包，要幫她塗臉上粉餅時，她說：「你這個顏色我很不喜歡，是什麼雜牌呀！不行、不行，你不要跟我化妝了。」我說：「你這樣不行，那樣不好，等一下你家人就要領你回去，可是我這邊還沒弄好，怎麼辦？」但是她就是不准我動，不僅是化妝品不喜歡，連她媽媽送來的衣服也不喜歡，因為她媽媽拿來的衣服是在葬儀社買的大紅色的鳳仙裝，在她眼中那是老人的壽衣。我問：「你媽什麼時候會來？」她說：「不知道，你再等一下好啦！」然後，我就出去跟清洗科的負責人講，再等一下好不好，因為有東西沒拿全。

後來她家裡的來人了，我就請她媽媽進來，我說：「你女兒有化妝品的話，麻煩你拿來一下。」接著就告訴她：「你女兒說，她房間那個抽屜裡有ＳＫ－Ⅱ的粉餅，還有雅詩蘭黛的眼影，還有一些保養系列的護膚品。」她媽媽說：「小姐，你在唱歌吧！我女兒的東西放在哪裡會告訴你？」我說：「是的，你女兒還說，你送來的衣服是七老八十的人穿的，她不要，她要衣櫥裡面一件白色的洋裝，像新娘裙那樣的。」她媽媽半信半疑的說：「要不你再等一下，我回去拿。」

等了不久，她們家裡人過來了，她媽媽很緊張的問我：「她還需要什麼？」她把化妝品和衣服拿給我。我說：「你女兒很愛漂亮，她要用她喜歡的保養品、化妝品化妝，然後再穿上自己喜歡的衣服，就這樣子。」這中間，這女生還叫我幫她修腳趾甲、手指甲，還要求我幫她塗上指甲油。指甲油先是讓我自己配，我想把她的指甲稍微塗紅一點，她馬上說：「我才十幾歲耶，別塗得那樣紅，像個歐巴桑似的。」我記得她仔細到手指、腳趾，連眉毛、體毛都要很乾淨。我還說她，你都已經離開人世了，還要這樣那樣的要求是為什麼？她說：「你不懂，我就是要看著自己的肉體，風風光光的走。」

那天化妝完畢後，我把那包壽衣店買來的衣服和她（女兒）要求剪下來的頭髮包好，給了她媽媽。我問過她，為什麼要把那頭髮拿去給她媽媽？她說，那是代表跟她媽媽的母女緣份就此斷了。這時，她家裡人就把她抬起來，放進棺木裡面，領回去供七。走的時候，我還看到她跟在旁邊。一路默默的隨著她母親坐上車，回到她家裡去。

16 名古屋空難

還記得1994年4月26日20時16分，發生了名古屋空難。那時我十七、八歲左右，也是全家第二次去蒙古的時候，大概是四月份。我記得是特意請假的，因為那時爸爸早預計好要全家回去。結果出嫁的姐姐沒有去，哥哥出了車禍也沒去，就爸爸、媽媽和我三個人去。因第一次從北京去的時候，坐火車感覺很不舒服，後來改聽爸爸朋友建議，計畫從臺灣坐飛機先到日本名古屋，再從日本東京到蒙古。

我爸爸有個個性就是凡事都要提早到。我們那時的班機好像是五點左右的，但是我們下午三點就到了機場。到了機場，我看到一位空中小姐跑去地勤那邊，說要坐幾點的班機去名古屋。我聽了一想，正好是我們的那班華航。奇怪的是，小姐的臉怎麼那麼黑呢，那時我想，離上飛機還很久，我們也不用很急，就跟我爸講，不要那麼快，等到人少一點再來辦登機手續就是了。這時，旁邊坐著一個小姐我不認識她，她問我：「你是要去哪裡？」我說要去名古屋，再轉機到蒙古。她說，她也是要乘這班去名古屋的飛機。我一看她，怎麼臉也是黑的，她的小孩子也是個黑臉。奇怪了，跟我看到的那個華航小姐是一樣的黑。我的心裡好害怕啊！這時，我們家的觀音神靈就跟我講了：「不要去吧！不要去吧！」每次只要她講話，都會有事情發生。怎麼辦？我們一家原本抱著很高興的心情出門，要回老家探親的，現在我可以說不去嗎？我怎麼也想不出辦法，無奈之下，乾脆去廁所。我這一進廁所就再也不肯出來了。

時間已經四點多了，我媽跑來廁所問：「你怎麼還不出來，快點出來。」我說：「我不想去了，你打死我也不想去了。」我媽說：「你在搞什麼？」我說：「會有事情啦，你們最好相信我，最好不要去啦！」我爸在門口喊：「你這小孩發什麼神經啊！」然後，我就是怎麼樣都不出來，他們拿我也沒辦法。我爸就好言相勸，要跟我拿證件，經確認後領了登機證好上飛機。我說：「我不要啦，我真的不要啦！」還一直哭一直哭的。我爸氣得在外面咆哮：「你幹什麼發癲？」這時，員警也來了說：「小妹妹在裡面幹什麼？趕快出來去登機，飛機馬上就要起飛了。」我不理。然後他又說：「你再不出來，我們要強制把門打開啦。」我還是不理。

就這樣，大約鬧了一個多小時後，直到聽我爸說：「飛機已經起飛了，也不要去了。」然後，我就出來了。

結果我們只好加錢，改搭下一班飛東京的航班。因為已經聯絡了家人，所以還是一定要出發。然後就跟櫃檯商量，坐下一班，可是只有到東京去的航班了。在搭往東京的航班上，當飛到日本領空時，聽機組人員講碰到亂流，現在日本班機一團混亂，我們必須改別的航道繞道去東京。到了當地之後。我們覺得好累呀，就直接找了在成田機場附近的飯店住下。

進了房間打開電視，才知道名古屋發生空難。我記得爸爸他拿著飲料杯看電視，一轉新聞台，斗大的字：「名古屋空難！機上人員全部遇難！」我看到爸爸手中的飲料杯突然掉了下來、媽媽看著電視一下子跌坐在地上、我呆呆的坐在床上。可是我們不懂什麼日文字，看也看不懂，只知道空難這回事而已。然後，我們打電話回去問。家裡電話沒有通，我哥手機也沒有通，打我大嫂的電話，通了，我大嫂「哦、哦、哦」了半天也說不出話來。還問：「你是誰呀？」我說：「大嫂，是我呀！我是秀慈。」「你沒死呀？」她說她看到電視上報名古屋空難，就急忙和我哥跑去旅行社那邊瞭解狀況，因為我們是跟旅行社訂的飛機票。我哥事後還說，他還準備去名古屋認屍呢。

後來我爸爸問我，你怎麼會知道？我告訴他，因為我那時看到幾個人的臉，實在很害怕，整個都是黑黑的，至少我的眼裡看到的是這樣。我奇怪，一個人的臉怎麼會像黑炭似的沒有一點血色呢？以前那些黑白無常曾經教過我，看一個人的氣色，如果說他全身上下是黑黑的，那可能就要大事不妙了，或者說運氣很背。一下子看到機組人員和要搭乘這班飛機的人都這樣黑黑的，再加上我們家觀音跟我講，最好不要去的話，更加害怕，無奈之下只好把自己關在廁所裡啦。我跟爸說，當時要是跟你講實話，你也不信啊。其實，我知道爸爸對我的話還是比較相信的，他覺得對自己的女兒，沒有什麼好懷疑的。他最近有跟我講過，說他以前相信我，其實不是相信巫術，而是相信我的個性。直到在幾年前，他才慢慢地知道，我到底是怎麼回事。因為我一直跟他說一些事。

記得那是在我二十一歲那年，家裡的菩薩告訴我，姥姥和姑姑這三年內會相繼去世。於是我跟爸爸說：「爸爸，你有空的話，多多回去看看姥姥和你的姐姐。」他說：「幹什麼？」我說：「這兩年姑姑會去世，然後姥姥不久也會去世。」他說記得，就把這些話放在心裡面。當他準備有所行動的時候，大陸那邊卻來電話，說我姑姑去世了。那時剛好過了半年。我姑丈轉述告訴爸爸說，你姐姐最近很掛念你，說你這個弟弟辛苦了，四十幾年來都在外面生活，姐弟之間很少見面，雖然小時候大家很熱鬧。最後姑姑還留一點錢給我們家呢，我爸說好像有六、七萬人民幣。

隔了一年多，我爸爸又回去了一次，那次他同樣沒見到我姥姥。我爸爸很相信我，但在我姥姥去世之前，他還是抱著懷疑的態度，他說怎麼可能呢？講我姑姑，那是湊巧，因為姑姑身體本來就不好，而我姥姥怎麼會呢？一直都在騎馬、射箭的。姥姥死時沒有打電話來，因為我姥姥的個性很豪邁，她死了不要火葬，要天葬。天葬之後再通知所有的人，並且不准人去看她。我叔叔就照她的方式。也不打電話，只寫信告訴我們。並在後來的信上說：「你（爸爸）不要回來。」那次，我爸爸想回去幫忙處理一些後事，可是叔叔很堅決地說：「不！」姥姥生前流著淚說：「不要再讓你看見她的臉。」她放在山上的那個棺木都不准人家去看，說幾年之後才能去。她崇尚的是天葬，聽我叔叔講，姥姥要求把她的屍體放在她最喜歡的草原上面，不要割肉，就這樣自然地讓老鷹來吃。

17 在急診室

我從（1997年）大學一年級，大約是6月中旬，開始在急診室值班。因為當時醫院需要有護士執照的學生，做護理人員的助手。那時我想要補貼自己的學費，就進去一直在那邊做到我學校畢業，直至考上營養師執照後才轉到營養室。

我從星期一到星期五，都是堅持做晚上六點到九點的班，這一做差不多有三年多，每天學校四點十分下課就去醫院了。在急診室裡，我常常會遇到那種在醫院急救無效，家屬把遺體領回去時又沒有呼喚死者名字一起走的靈。如果說在外面出車禍死了，死在馬路上，救護車送來，他已經沒有心跳、沒有呼吸而死亡了，那種靈通常是不會來醫院的。有一種是還有心跳、有呼吸，因為流血過多，經過醫院急救後沒有救活的，這種靈就會隨身體一起來到醫院。常見狀況是意外死亡，車禍死亡，墜樓死亡。做工事的，很多都是爬高的工作，不小心摔下來的。這些傷者當急救無效的時候，我就負責通知家屬，看他們是否要馬上把遺體帶走還是送到太平間去。有很多家屬都是請醫院的救護車或葬儀社的車子把遺體送回家，但是有些家屬走的時候都是急急忙忙的，都會忘記呼喊死者名字，告訴往生的要跟回去。有的自己會跟著走，有的就不知所措的留在了醫院。

我常常問他們（靈）：「你們怎麼會留在這裡？」他們說：「在剛死的那一霎，不知道自己已經死亡。因為驚嚇過度而慌亂了，不知道何去何從，非常迷茫。」再加上家屬一下子就走了，他們更不知道如何是好。

我到醫院的第二天就碰到一件這樣的事。我記得是一個做板模的工人，就是幫人家蓋房子，要一層樓一層樓去灌水泥的那一種。他說是從五樓摔下來的，然後當他知道自己變成靈時，就沒有辦法像人那樣自由活動了。我問他：「為什麼會沒有辦法自由活動？我之前看到的靈都可以呀，你為什麼不行呢？」他說：「嚇得瞎了眼睛，什麼也看不到了。」他在醫院一直徘徊了一個禮拜。這期間，我也不知道怎麼辦，因為那時我才十幾歲而已，第一次從事臨床護理工作，即使曾經在醫院實習過，但也從來沒有碰到過這樣的事啊，再加上那時還有一種拒絕不想去管的心態。

直到後來學校放暑假，醫院安排我上大夜班時，也就是星期六的晚上到星期天的淩晨，在醫院急診室的門口第一次看到了所謂的黑面、白面（黑白無常），他們也不像是那種廟宇裡的黑臉和白臉，反正樣子很恐怖，長得很醜很醜，不知道要怎樣形容。個頭蠻高的，他們在我的眼中看起來是灰灰的，穿著好像古代的衣服，當時我手上拿著手電筒。我好奇地跑過去問：「哪來的？要拍戲嗎？」他們不回答我。反而是站在旁邊的醫生說話了，她走過來說：「秀慈，你在那邊幹什麼？怎麼在跟空氣講話。快！要上班了，不要再站在這裡了。」醫院裡的人都覺得我上班怪怪的，因為老看到我在跟空氣講話。

後來我知道了，他們不是人，更不是什麼拍戲的。他們拿著很粗的鐵鏈，說等一下就要來牽走亡靈。我問：「那為什麼還有很多死亡的靈在醫院裡面？」他們說：「誰？哪裡？哪裡有？」後來我才知道，他們是要到裡面去搜的，因為有些亡靈看到他們會害怕，就躲起來。在我們急診室，我就看到好幾個，包括一個禮拜之前的那個板模工人。

後來我看到黑面白面他們，從急診室到病房，然後又從加護病房到手術室，帶走了好幾個亡靈。原來他們就是黑白無常。不管意外死亡或正常壽終正寢的，都是屬於他們管轄。他們講：「他們一般會去家裡面找，家裡沒有的，就要出來找。」

因為有的經過極度驚嚇後，似乎還不知道自己已經死亡，依舊會在外面遊蕩。

我們醫院裝有醫療網，警局的救護車會透過醫療網，通知病人將送哪家醫院，然後就知會哪家醫院作準備。通常是我們醫院那個（機子）還沒有響的時候，黑白無常早十五分鐘前就會來到。我知道後，有時會跟醫生說：「我們醫院馬上就要去接救護車了。」果然不久，病床、心電圖就推出去了。但是那時候，我只能講是我的預感，我怕說是看得到的，人家會忌諱。所以他們覺得很奇怪，你的預感怎麼那麼準，還說，跟你上班真累呀！

有一天晚上，黑白無常對我說，今天午夜會有人死亡，我說是嗎？他雖這麼講，可我還是要盡自己的醫德去救人呀。我就跟醫生講：「今晚要來兩個車禍病人，我們把救人器材先推出去吧。」醫生說：「怎麼可能？警報器也沒響，警員也沒呼叫我們醫院，不要把器材推出去。」我說：「真的，算我跟你賭好不好？如果我輸的話，請你吃一碗麵。你輸的話，要給我2000塊。」說完，我就把救人器材推到門口去，連站在一旁的保全先生都說不可能的。結果，警報器響了：「注意！有兩位患者，沒有心跳，沒有呼吸，請你們準備！」

其實黑白無常要等的是其中一位已經死亡的年輕男子。另外一位是老人家，但黑白無常說老人的命不該絕。當一輛救護車開到急診室門口，車門一打開，我就問那黑白無常：「拜託！你是不是要叫我們救這位老先生啊？」他說「是！是！是！」我想那就拼命救吧！我們用擔架把老先生快速推到急診室內，進行急救，並請警員聯絡家人。老先生的兒女來了，但他們不在意他的生死，只顧吵著爭家產，且在急診室外吵鬧不停。救到一半，看到老先生的靈從身體向上浮起來，快要成輕飄的狀態了。我忙說：「拜託你，儘量再躺回去吧，沒看到你的子孫在外面吵家產嗎？」說也奇怪，我也是第一次看到這種情況，竟然不會害怕。醫生講，他還有心跳，趕快做人工呼吸，注射靜脈，再看看他的瞳孔，他本來有心跳，後來越來越慢，打了兩劑bossime強心針，清除異物後，再趕快給他輸氧氣。急救完後，發現他嘴巴慢慢有張開，有微弱的呼吸，醫生說：「趕快送加護病房。」

隔了兩天，老先生就能活動了，因為老先生的身體之前也沒有什麼狀況，這次就是大腿部有骨折打石膏，頭部無外傷。他請看護小姐推他出來，看到我就說：「我記得你那天也在救我，還叫我趕快躺回去，我有印象。」我說：「對呀，我要是你的話，想盡辦法也要活過來。」後來，老先生跟我講，他是從事飲料事業的。開了一家飲料廠，這次因為年紀大了到這邊來跟兒子住，一個月輪一次，這個月輪到來這邊。他跟我講經過這次大病之後，他得到一個很大的啟示。我問什麼啟示？他說：「第一要心存善念。第二看事情不要只看表面。就譬如，他以前相信兒子、女兒對他很孝順，經過這次事情後，才知道所有孝順都是假的，他們只是要他的錢。」他說在他病危時，有親耳聽到，女兒怎樣講，兒子怎樣講，也很清楚當時的急救狀況。

這也差不多是十幾年前的事了。後來我在醫院當營養師的時候，他還有來醫院看診。那個時候看到他，請了一個外籍菲傭照顧他，行動有些不方便，坐著輪椅。他還是跟我講：「經過那場大劫，才知道凡事要用心看，用心聽，不能光看表面。」還說：「妹妹，爺爺知道你有這樣的眼睛，但爺爺要跟你講，你也要跟你的子女講，跟你認識的人講，做人要誠懇踏實。我活到這把歲數了，才悟出這個道理來。」他還跟我講：「年輕的時候娶了三個老婆，可是到頭來，覺得通通都是空的。我這一生，都是用錢去砸人情，覺得有錢萬萬能，結果就是買不到誠懇。」後來聽說他去做慈濟的義工。他說：「自己雖然下半身行動不方便，但我還可以用雙手去做環保呀。」他還說：「這幾年的生活，比起自己在商場裡拚殺，要來得輕鬆快樂。」

18 桃園機場大園空難

大園空難發生在1998年2月16日20時16分，我恰好請假三天回家，記得到家已經是傍晚了，因為很久沒有與三姐見面，三姐約我在中壢火車站碰頭。三姐提議騎摩托車上街買衣服，我嘴上說好，可是我心裡卻想著，最好到什麼地方去做慈濟義工。因為我嚮往參加這個團體已經有很長一段日子了，只是都沒有實際行動。我說：「姐，可不可以先去桃園市區慈濟那個分站，我想去申請加入慈濟義工。」一姐說好，那先陪你去參加。當我們到桃園市區慈濟分站時，一個小姐不耐煩的趕我們走，還叫我們不要搗亂。我說：「這是什麼待客之道啊？」那小姐說：「你知道發生了什麼大事嗎！我們今天忙得不得了，改天再來辦吧，桃園機場發生空難，大家都去救人了。」當時我憑著醫務的那種本能說：「那我也要參加救人。」而我姐嚇得腿直抖，說：「不要啦！你還是快跟我走啦。」可是我偏要去，姐只好和我跟著其中的一位慈濟師兄，坐上了廂型車直奔現場。

現場那邊真是紅海一片，漫山遍野的屍體亂成一堆。慈濟義工就是幫忙看看有沒有哪些屍塊需做處理。現場有警員，有消防隊員，還有一些警犬。可是在我眼裡，真是混亂一片，雜亂無章，沒有秩序，大家都在問要搶救什麼？我聽到了警哨，看到很多醫院都排著隊去救人。可是卻沒有一個指揮的人。那時候，我也慌了，不知道從何做起，我姐嚇得一直在哭，我也沒空管她。那時，我什麼知覺也沒有，只看見飛機殘骸和很多人，特別是我站的那個地方，有一塊藥局的招牌，招牌上還掛著一個人的腿。我不知道自己嚇呆了幾分鐘，我想不能這樣呆著，要想辦法救人才對。一開始我跟著慈濟義工們一起挖，後來我聽到我們家的神靈在說話：「哎，你再過去200公尺，那邊有人活著，你快去，那是個小孩。」我馬上跑過去，可是我一個人沒法挖，那地方有飛機殘骸壓著，還有房子倒場在下面。我也不確定，到底是不是真像我家觀音講的，地下有活著的人。我就對著那裡喊：「有沒有人活著，有的話趕快講一下。」我隱約聽到一個小朋友在哭，聲音很微弱。我沒有辦法，又沒有什麼工具，我就去叫慈濟的司機一起來幫忙。他說：「已經夠忙了，你不要再添亂了。」我想叫我姐，可她嚇得還在哭，吵著要回家。怎麼辦呢？我只好去跟人家消防隊借鐵鍬，因為我叫他們去救，他們同樣不會相信我，只會說：

「妹妹，你不要鬧了。」因為我是一個小女生，沒人會聽我的。

我用鐵鍬挖了一會兒，這時有一個消防隊員過來說：「我來幫你，說不定你講的是真的。」之後，我們倆大約挖了一公尺深左右，真的聽到小孩子的哭聲。我們再繼續挖，又挖了不知多深，就看到了小孩的後背。我印象很深，小孩穿著一條短褲。我們繼續拚命地挖，這時小孩只會發出哦、哦、哦的聲音，好像快要死掉了。我們趕緊想辦法把他拉起來，呀！原來小孩的鼻孔裡全是土渣，怪不得透不出氣了。清除了鼻孔後，小男孩說他還有一個妹妹。問妹妹在哪？他說不知道，說他們家就在這裡。我們猜想他妹妹，大概就在附近，叫了幾聲也沒回應。當我們發現他妹妹時，她下半身被壓斷了，可是還有心跳，最後也被救活了。小男孩只是脊椎彎曲，小腿骨折。

原來空難發生時，兄妹倆正坐在沙發上看電視，幸運的是，沙發旁邊有一個電冰箱，正好把壓下來的土堆擋住了。當時哥哥大約是三、四歲，比較會講話，妹妹大概一、二歲左右。

那次空難我記得最深的就是這些。

19 水果攤老闆的慘劇

今天是2005年12月12日，時間是下午6點30分。剛剛大約是在5點15分左右，我每天都是差不多這個時候回家，先坐公車到家附近的車站，然後再騎摩托車回家。我的摩托車停放在離公車站牌大約60公尺的地方，那邊有一家私人的超商。今天也是這個時候，我一下車，看見十字路口對面遠處有一個攤子在賣水果。家裡剛好缺水果，於是，我就走斑馬線，過馬路向水果攤走去。那時候我家裡的觀世音菩薩跟著我。

走到那水果攤，那裡有蕃茄、芭樂等，我正低頭選水果時，無意間一抬頭，猛然看見，那對賣水果的夫妻倆身邊，站著一男一女兩個靈魂，年齡大約是八十多歲，那兩個靈很緊張地在這對夫妻耳旁不停的講話著。於是，我就問了二老：「你們在說些什麼，可以讓我知道嗎？」二老很驚訝地說：「你看得到我們嗎？」我說：「是的。」二老說：「我們是接到了兒子的死亡通知書。這個賣水果的男生就是我兒子。他在5點30分就要跟我們相會了，我們很不願意呀。你看得到我們的話就請你告訴他，叫他趕快收攤。要不然就是把他的攤位，再挪一公尺的距離，這樣就不會被車撞到了。不然的話，他5點30就見會到我們了，我們很不希望啊！」

雖然他們是非人類。但是我心裡想：還是幫幫這對祖先吧！於是我就告訴這位水果攤的老闆。我說：「老闆呀，你等一下會有災禍，你趕快把攤位收一收回家吧。」可是，不料我話一出口，他們倆夫妻不高興了，那位太太說：「小姐呀！你莫要破格（台語，烏鴉嘴）！在這胡亂講話。」我對她說：「真的，是真的，你們家的祖先就在旁邊，他們說等一下，5點30分的時候，你們就會被車子撞上。」這時，那個賣水果的先生說：「鬼才信你呢，你莫要破格（台語，烏鴉嘴）了！」但我還是堅持說：「寧可信其有，你們就相信我吧。要不你們就把攤位往旁邊挪一點，這樣等一會兒就不會被車子撞到了。」那個老闆生氣得說：「好啦！買水果就買水果，你就不要再在這裡亂說啦！」我急切地說：「就請你們相信我！相信我！好不好？一次就好！」可是，誰知那個太太就拿了一把梅子粉往我身上撒，但我不顧這些，還是對著她講：「相信我！請相信我吧！」真沒想到，那個老闆拿起放在電線杆旁邊的掃把往我身上打。一看這種情形，嚇得我只能逃走。

就在我逃到大約20公尺遠的地方，突然從後面傳來「砰」的好大一聲，我回頭一看，那個攤子，真的被一輛白色的豐田轎車給撞上了。我不由自主地馬上跑過去。我看到了那個水果攤，被車子硬生生地壓在下面。那個老闆躺在地上，我本著救人的本能，想用我所學的護理基本常識（我一直用ＣＰＲ）設法來救治他，但是已經挽回不了了，因為撞擊的力量很大，人是被車撞到牆上再彈回來的。就在這個時候，他的太太一把把我推開，還跟我說：「你要是當時再堅持一下，把我老公拉開就沒事了。」

我一聽這話，心裡真不是滋味，此時此刻的心情，簡直無法用言語來表達。我連剛剛怎樣騎摩托車回家的，我也渾然不知。我回家後，就這麼渾渾噩噩地哭坐在家裡面。

我想馬上提筆，寫下今天所發生的事情。但是，我不能，我不知道如何提筆。真的很抱歉，我只能用這個錄音機，把我此時此刻的心情以及今天所發生的事情錄下來，也算是抒發一下我的心情。

我現在的內心真是百感交集，又恐懼，又覺得人心實在難測。想我當時這樣勸告他們，夫妻倆個都不相信我，這也就算了，為什麼一到事情發生了，那位太太卻又怪我「不堅持一下，把他先生拉走。」這真讓我覺得，人啊！真是自私得難以琢磨。反過來，倒讓我覺得靈遠比人類來得真實、善良一點。我不禁要仰頭問天：「老天爺啊！為什麼要給我這雙特殊的眼睛？為什麼？你讓我看到了今天的一切，而我卻無能為力去阻止。我真的無能為力啊！」

當時，我的心情真的非常難過，久久不能平撫。直到多年後的今日依舊如此。想到當時的那情景，眼淚仍舊不停地一直流。

20 彌勒教我做紅豆年糕

在2006年農曆年前的一個禮拜，我像往常一樣去菜市場，買一些家用菜來煮。這時彌勒佛跟著我，因為我們家裡有很多神，會輪流來保護照顧我，他也知道。我問他：「今天輪到你來跟我聊天嗎？」他說：「對呀。」我說：「今天輪到你，可你又不是我們家的神，怎麼會來呢？」他站在我摩托車的車籃那邊，車籃是背向南，面向北。他說：「再過幾天要過年啦。你這個做太太的怎麼都沒有去買春聯？」我說：「不買。」「做年糕吧。」「做年糕？這對我來講怎麼可能呢？我不會做的。」他說：「你連這個都不會怎麼嫁人的，難道你媽媽都沒有教你？」我說：「沒有。」他說：「這樣子好啦，你跟我去轉轉，買一些材料來，我先教你做一個簡單的。」他叫我買半斤紅豆、（他本來還要叫我去買那個糯米回家磨，可我沒有那麼多時間，而且還不知道要到哪裡去買磨米機呢？）兩包500克糯米粉、半斤黃砂糖。

回到家，彌勒就跟我講：「來來來，我教你，紅豆先泡水。水要蓋過紅豆一點點，用手掌壓下去的話，大概在手掌上，泡兩個小時讓它發漲。漲了之後，把泡的水倒掉，再換乾淨的水，要和第一次放得一樣多。」然後，他先叫我用瓦斯爐，然後又問，「用這個瓦斯爐做要多長時間？」我說：「拜託！你要教我還問我？」他說：「那怎麼辦？」我說：「用電鍋吧，這個比較安全。只要把紅豆放在大同電鍋裡，外鍋加一杯水，然後按一下電鈕，等電鈕跳起來後，紅豆就熟了。」他說：「好！就這樣。你再把糯米粉倒在大鍋子裡面，加一點熱水，攪拌成糊後加砂糖，再把煮熟的紅豆放下去。」我按他講的一一照做，但半斤砂糖，只放了三分之一，因我不喜歡吃很甜的。這樣攪拌成糊之後，再放到瓦斯爐上，邊煮邊攪拌，攪到糯米半熟時，他叫我把買來的玻璃紙裁剪後，將糯米糊倒上去，再上籠蒸。因為我做的模子不大，小小的，上籠蒸25分鐘就夠了。蒸完後，彌勒提醒我不要馬上掀蓋，要燜熟一下，等它涼了再掀蓋。說如果馬上掀蓋的話，年糕會很硬。

待年糕涼了以後切片，蘸白糖吃。也可以放到平底鍋裡面，煎成軟軟的吃。結果我做的年糕，吃起來跟店裡買的沒什麼差別，只是說，不如買來的年糕，那樣有彈性，比較結實點。

彌勒說：「我娘以前就是這麼做的。不同的是，我娘做年糕，是在灶臺上煮的。」

21 躲過車禍

這是2008年5月中旬左右的事情。

星期天的晚上，我躺在床上似睡非睡時，我們家的神靈千歲爺對我講：「明天早上，在XX地方，會有一個蠻重大的車禍。那一家大小，都是心存善念的人，希望……」言下之意就是看我能不能去化掉這個事情。我當時聽了，也不以為然，心想那是人家的事，關我屁事。繼續睡我的覺。

然而，當我睡得半夢半醒時，我的眼前浮現出：「一台白色豐田轎車，裡面坐著一家四口，老公、老婆和兩個小孩。突然，迎面一輛裝混凝土車蛇行駛來，與白色轎車對撞！」就那麼一剎那的畫面，嚇得我從床鋪上猛然地坐起來，我怎麼啦？這是做夢嗎？不像！倒像我之前曾經遇到過的情景一樣。真會有這種情景發生？

隔天早上（週一），7點半，我就急急忙忙的騎摩托車去了那裡。因為家裡的神靈要求我，無論如何要在早上8點之前趕到。剛好我也要去那個地方繳電費。我將摩托車騎到神靈告知地點稍微前面一點的地方，停好車後心想：「這事到底是真的？還是假的？」

馬路上的情況是這樣的：這條馬路有幾米寬，東西走向，雙向道。前面不遠有條南北向的火車鐵道，平交道上裝有紅綠燈，過紅綠燈往前就是臺灣水泥公司。臺灣電力公司在這一條路上某一點。

我等在路邊，沒有多久，10來分鐘吧，果然，看到了一輛跟我夢境裡一樣的白色豐田轎車，現今車號忘了。剛好在紅綠燈前停下時，我就趕快過去，敲敲窗戶，只見那司機的長相，與我夢境裡看到的是一樣的。他太太坐在前座，兩個讀國小的孩子坐在後座，男孩比女孩稍大點。我就跟他（司機）講，「你等一下會出車禍，所以最好趕快先下車。」他半信半疑地說不太可能吧　。然後，隨著綠燈亮起，車又向前開去。我一看，就趕緊從後面跑步追。他太太在車裡，見我在追，就對他先生講，「我們寧可信其有好了啦！不然那小姐還在後面追。」就這樣，他們停了車。

下來之後，大概沒過兩分鐘吧，那混凝土車就朝我們的方向開過來了。那一家四口驚嚇的叫著：「哎！那台車怎麼這樣蛇行開過來？」司機一定是喝醉酒了，越過中線，駛入我們這邊的車道，迎面而來。只見那混凝土車搖搖晃晃的在蛇行。一轉眼，就聽到「砰」的一聲，撞上了白色轎車！小轎車的車頭全毀了，迎面撞過來的那個司機，也整個人被擠壓了。啊！那一家四口驚呆了！兩個小孩嚇得哇哇大哭。我當時也被嚇呆了。

事後他們問我是怎麼知道的，我說是做夢的。畢竟真實情況我實在不知道怎麼去解釋。然後就陪著那太太，稍微安撫一下她的心情。在閒聊中，我問道，你們是不是信佛教的?他們說：「對呀，我們每逢初一、十五都吃素。」還說他媽媽，每天都有做早課、晚課和念經。這時，千歲爺神靈也在我旁邊對我說，這一家大小都很善良，全家每逢初一、十五都吃素齋。還說他們家老太太是個虔誠的佛教徒。我聽後認真地對那太太說：「這一定是神靈在保佑你們。」

那一家人非常謝謝我，還告訴我，這條路是他們每天送小孩上課，然後再去上班的必經之路。

最後我也跟那太太要了一個紅包，說紅包袋裡放一元錢或十元錢都可以，算是民間所說的「過運」吧！結果那太太就去便利商店買了一個紅包袋裝了10元送給我。

二·神像裡的神靈

這一章是2005–2006年期間採訪的記述。現場中不外乎是採訪者、秀慈女士、秀慈的丈夫、神像（鎦金銅、瓷器、玉器、木雕、唐卡等神佛像）。其中有些是神靈的自述，有些通過問答的方式，內容並非具有嚴謹的結構，有長有短，說什麼就記什麼。其中的姓名、地方名等一切依敘述據實記錄，不作更動，不誇大修飾。書中的照片和文章是一致的。（有一則是缺照片的）

從內容中我們可以知道，家中的神像、廟宇的神像，很多都有神靈存在，他們的任務是保佑各個家庭及世界上的人們。綜觀書中神靈在世的一生，大部分都出身平民，不論職業的貴賤，只要能夠堅持「善心」、「善行」或是從「作惡」之中大徹大悟，行善於世，死後即可成為「神」級靈魂。

1 我家的藥師佛

本頁的藥師佛神是我家裡供奉的，我稱他佛陀大人。這個佛陀大人是個直性子，脾氣不太好。下面是我家佛陀大人講的話。

我是山東陀縣人，生於清康熙年間，家裡很窮，為了要供大哥念私塾，我從小就被送到師傅那裡當學徒。從四、五歲開始學習辨別草藥，十幾歲時就出師了。但是，一件意外的事件發生，卻讓我足足有三年不敢碰病人。

那是在十六歲那年，有一天師父說：「你今天可以出師了。」轉而就去山上採藥了。沒想到，我第一次接掌藥鋪，就來了一個病得很重的老婦人，我真是不知所措。正當我猶豫不決時，老婦人的家人急得直喊：「大夫啊！你快一點看病啦！」在幫老婦人看病的過程中，我的手一直抖個不停，好不容易抖到把藥單開好。接著要開始針灸，我實在不敢啊！只覺得自己的手，一直抖個不停，針都沒法拿穩，哆哆嗦嗦地不敢下針，好不容易在婦人的肚臍上方施了針，老婦人卻死了，我一下子嚇呆了。此時，我手中的針還扎在病人的身上，嚇得不知所措，只得馬上派人去請師父下山。等到師父回來，老婦人的屍體也已經僵硬了。師父就安慰我說沒有關係，你不要緊張，老婦人的家屬也不怪你。因為家屬知道她已經病得很重。但對我來說，這第一次看病的經過，足夠把我嚇倒了。

這件事後，我足足有三年不敢為人看病。我每天就找砍柴、挑水的活幹。那時候，覺得最快樂的工作，就是挑水。師父看我這樣過了三年，就勸我說：「你要去面對現實呀！不要這麼怕臨床。依你的學習程度來講是完全可以做好的。」可是，我當時就是跨不出這一步。直到後來，因為師傅的一次生病，才使得我跨出了為人看病的這一步。

接著過了半年多後，我參加了太醫院的徵試。先過縣考後再進京城考試，最後被選中，進入宮中的太醫院。那時是雍正（1723～1735）年間，我二十三歲。進去太醫院後，一開始就是基本修煉，以前所學的一切，都需重新學習。

我是雍正十年進去的，可以這麼說，進了太醫院做事，就是夢魘的開始。到了乾隆八年（1743），我就提出要求告老還鄉去了。畢竟在太醫院做事壓力真的很大，一天到晚要擔心自己會被砍頭。比如說，你醫治太妃的病，如果沒醫好，太妃死了，那你這個醫官的頭，也快要不見了。我還算慶幸，當時醫治雍正帝的時候我沒參加，不然就慘了。

從宮裡出來後，我回山東老家，繼續幫人看病，以婦科為主。因為在宮裡，做的就是幫妃子看病和接生。所以，我也就以看婦科為主，再順帶看其他病。那時，如果窮人看病沒有錢，我也照看，有時還會掏錢買藥給病人。有時弄得自己，常常是吃飯配鹽巴，但我還是樂意這樣做。

下面是藥師佛陀與採訪者的一段對話：（透過通靈者秀慈的轉述）

問：你對現在的醫學知道嗎？

答：知道。我們（神靈）也是在不斷學習中，並且什麼都要學。我們有很多管道可以去學習新的醫學知識。比如我現在也會看X光片。

問：你現在透過靈媒給世人看病有什麼樣的感想？

答：有時候會覺得蠻無能為力的。比如前幾天，彌勒佛（朋友家供奉的彌勒佛）家的主人帶他的孩子來請我醫治。真是可悲啊！那孩子才二十歲左右，可卻已經是三十多歲的體質。據瞭解，那孩子在工讀之餘，常常去網咖打電腦，趴在電腦桌玩遊戲，要打到半夜12點或淩晨1、2點。一天只有4、5個小時的休息時間。星期六、星期天猛睡到中午或者下午。這樣子的生活，把整個人的膽經、肝經、胃經、氣血都搞亂了。我苦口婆心的勸過他（那天是附在秀慈的身體講的），讓他好好照顧好身體。結果呢，他嘴上說會聽！會聽！然後呢，開了藥方回家後，什麼也沒做，也不去運動。連他媽媽每天辛辛苦苦煎好的藥，他也只喝1、2口就倒掉，打電動比什麼都重要。我也很無奈，我已經為他診斷，為他治療並開了藥方，但他不照做，我有什麼辦法呢？昨天他爸爸打電話跟秀慈說：「兒子喝了2、3天藥後，為什麼會上吐下瀉呢？」糊塗爸爸還以為他兒子有一直在喝藥。我讓秀慈跟他說：「你兒子過年期間玩得過火了，又沒好好休息，得傷風了。還有，你孩子根本就沒喝藥。」他爸爸還想請我給孩子看看，我不想看了，因為看了也沒用。

問：你對現在的父母教育小孩怎麼看？

答：現在的父母太寵小孩了。比如我要求那小孩做些運動，他爸爸會問做什麼運動？我說很簡單，跳繩、去操場跑跑步都是運動呀！結果這個爸爸就跟他老婆說，我們買台跑步機給孩子運動吧。你看看，一雙布鞋一根繩子就可以運動的事情，而這個爸爸卻要去花幾萬塊買一個大不隆咚的東西擺在那裡。實在是太過分了。

問：現在的人為什麼會胖，有什麼辦法減肥呢？

答：現在的人都是下腹部胖，那都是腸胃不好引起的。我建議個方子，不妨吃吃看。

方子如下：陳皮2錢、甘草2片、大棗5粒、炒山楂2錢、馬鞭草2錢、決明子1錢。

用法：5碗水加上列藥材，煎成三碗，分三次，早中晚服用，七天即見效果。著者按照這個方子服用兩星期，結果減掉2公斤。後來因感冒就停止了。吃飯照平時一樣吃，當然減肥的人就不要加宵夜啦！

我家藥師佛陀建議的滋補方

一、男士少精的滋補

1. 炸桃腰

豬腰五個、核桃仁1兩。

將豬腰常法處理，切成兩個正方小塊，加料酒、鹽、薑片、蔥，拌勻浸漬入味後瀝乾水分。核桃仁用沸水浸泡，剝去皮在五成熱的油鍋中炸酥，撈起備用。起油鍋將腰塊有花紋的一面向下放在手掌上，再放上一瓣炸酥的核桃仁包攏，拌蛋清，下油鍋炸至淡黃色撈起，瀝去餘油，淋上麻油，翻滾幾下，盛入盤中。糖、醋及生菜放在盤子兩端即可。

炸桃腰：能補腎、益肺、定喘。

主治：遺精、腎虛致腰膝冷痛，小便頻數，四肢痠軟、畏寒，以及久咳氣喘等症。

2. 何首烏煮雞蛋

何首烏1兩，雞蛋2個。

首烏加雞蛋加水（適量）同煮，蛋熟後剝去殼再煮片刻即可。吃蛋飲湯，每日一次，能補肝腎，益精血。

主治：遺精、血虛、體弱，頭暈眼花，髮鬢早白，未老先衰，脫髮，血虛便秘等症。

二、經期飲食方

婦女要講究經期飲食。一般婦女的情緒暴躁，多數與月經有關。月事期間不宜吃生冷食物，但可以酌量吃糖。這時期吃糖，不但有助健康，還有減肥功效。但經期過了就不可多吃，否則會發胖。經期的第一、二天可吃豬肝，因豬肝有破血功能，能促進新陳代謝，將體內不淨的血液盡可能排出。第三到第七天要吃點豬腰。腰子可幫助骨盆的收縮和消除疲勞，但是過了經期就不可吃豬肝和豬腰了。

1. 紫珠草煮雞蛋：

紫珠草（乾品）1兩2錢、雞蛋4個、水適量。先將雞蛋煮熟去殼後與紫珠草一起煎煮，至沸騰即可。食雞蛋，飲湯。能清熱養陰，止血化瘀。

可適用於各種血便症。

2. 北芪烏骨雞：

北黃芪1兩、烏骨雞一隻。

將烏骨雞去毛及腸雜，剁塊，加水適量，與北黃芪同放砂鍋，鹽適量，隔水燉熟。每日二次，有補腎氣，養陰益血的效果，可治月經不順，白帶過多，痛經，頭暈。

三、婦女帶下補虛方

1. 山藥蓮苡湯：

山藥、蓮子、薏苡仁各1兩。

將蓮子（去皮、芯）及薏苡仁洗淨泡水2小時撈起。水13兩，加入山藥、蓮子、薏苡仁煮爛，加黑糖適量即可食用。每日2次，一般服5到7次，有補脾，益腎的功效，可主治身體虛弱及因脾虛之白帶。

四、產婦補身之「一宜一忌」

1.「宜」用子雞，益氣養血

雞，前朝用於入藥，有養血、補氣、調經止帶之功效。藥蒸子雞是我朝民間常用之滋補良方，其作法為：取子雞一隻，去內臟，洗淨。在腹內置入大棗10枚，桂圓10枚，冰糖一兩，浸濕之黨參2錢、黃芪2錢、當歸2錢、用紗布包好放入雞腹內，再加1碗水，將雞腹闔攏，放在盆內，蒸2個小時。取出布包藥物，子雞分次食用。本方適用於婦人體虛引起之月經不調，白帶增多及肝病等症。

2.「忌」吃人參桂圓湯

許多懷胎婦人，產前都吃人參桂圓湯，都認為吃了有利母胎健全，然而事實不是如此。婦人懷胎後，體內會產生變化，尤其是懷胎末期，因胃腸機能減弱，懷胎婦人又喜靜厭動，加上膨大的子宮壓迫，從而出現便秘、納呆之現象。懷胎後，月經停閉，臟腑經絡之血液均注於沖任二脈，以養胎。從而陰血偏虛，陽氣相對偏盛的陽有餘而陰不足，氣有餘而血不足之態。

人參雖屬大補元氣之品，若久服或用量大，而致陽盛陰耗，陰虛火旺。火旺則會擾胎兒，不利養胎。桂圓因味甘甜，溫故易生痰，痰則氣滯，易致氣機失調，胃氣上逆，出現嘔吐，日久傷陰，甘溫易助火，火動陰血，血熱妄行，必造成出血，這樣便會出現見紅（早產）。

除人參、桂圓外，鹿茸和胡桃肉等也屬溫熱大補之品，孕後也不宜服用。孕期進補應採取「產前宜涼忌溫熱」的原則，視情況使用太子參、沙參、北沙參、楓鬥、百合、淮山藥、生白朮、蓮子等清補、平補之品。

五、婦女生乳的滋補方

產後乳汁不足，多半是由於產婦氣血虛弱，化源不足，無乳可下。或者因氣機不暢，氣血失調，經脈澀滯所造成。能促使產婦乳汁分泌的食物有：豆漿、鮮果汁、米湯、肉湯，新鮮蔬菜及水果。另有赤小豆、豌豆、金針、茭白荀、絲瓜、鯉魚、鯽魚、鮮蝦、鱸魚、豬蹄等等。

要增加乳汁量，多喝湯水是很重要的。也可食用下列提供的一道燜花生豬蹄來催乳。

1. 燜花生豬蹄：

豬蹄一隻，花生一碗，豆干一碗，蔥二支，老薑一小塊、冰糖、油及醬油適量。

作法：花生用水泡一小時，豆干洗淨備用。將豬蹄在沸水中焯一下，再用冷水沖一沖，然後熱鍋加油，放入豬蹄及薑片、蔥段、酒（適量），翻炒大約10分鐘，加入醬油，將豬蹄燒至上色。再加入水和花生，用大火煮至沸，再轉小火燜燒大約1小時，等待豬蹄和花生熟爛後，再加入豆干及少量鹽，煮3分鐘即可。一般情況下每服2到3劑即能生乳。

六、懷胎水腫滋養方

通常孕婦在懷胎後期，由於下肢血管受壓迫，致血液回流受阻，常出現下肢浮腫，但經休息可退。如果休息後，浮腫仍不消退，或浮腫較嚴重，又無其他異常現象時，稱為「懷胎水腫」。

下列幾種滋養方具有利水安胎的效果，適用於懷胎水腫的患者夏季服用。亦可用於其他病因造成水腫的患者服用。

1. 雙豆利水粥

赤小豆1兩、黃豆1兩、小米3錢、稻米3錢、大棗2錢，加適量的水，可加適量白糖煮成粥。早晚各服一次，連服2到3周。

本方具有健脾、養胎、利水的效果，適用於懷胎水腫或各種疾病引起的水腫。

2. 八寶利水粥

赤小豆4錢、黃豆4錢、山藥3錢、薏米仁2錢、枸杞1錢、大棗2錢、白米3錢、小米3錢，加水適量煮成粥，亦可加少量白糖服用。

適用於懷胎水腫，兼有蛋白尿之孕婦。

七、婦女安神養顏方

1. 雞蛋燉百合

雞蛋2個、百合4錢。用清水燉，先下百合，燉至半熟，再下雞蛋，燉至蛋熟即可。蛋黃可除煩熱，補陰血，百合清痰火，補虛損，可加糖食用。

此方可養陰潤燥，清心安神。

2. 黃芪白芷燉烏骨雞

黃芪3錢、白芷1錢、烏骨雞半隻。先將雞去毛及內臟洗淨，與白芷同置燉盅內，加水適量，隔水燉熟。可加適量的鹽，調味後，吃雞飲湯，有補脾益氣，滋陰養血的功效。

適用於婦女氣血虧虛之頭痛眩暈。

八、婦科月經病的調理方

1. 益母草雞蛋

益母草1兩、雞蛋5個。先將雞蛋煮熟去殼，再加上益母草及適量的水煎煮，飲湯食蛋，分次食用。

此方能活血調經，適用閉經、痛經、月經不調等婦科病症。

2. 當歸煨牛肉

當歸4錢、牛肉半斤、薑5片、蔥2根切段。加入酒、醬油、薑片、蔥段，一起煨煮至熟爛，能溫經補血。適用於痛經、月經不調等婦科病症。

※懷胎的婦女忌用「薏仁」。

下頁的帖方是藥師佛附在我身上所寫的。

治痛經、閉經

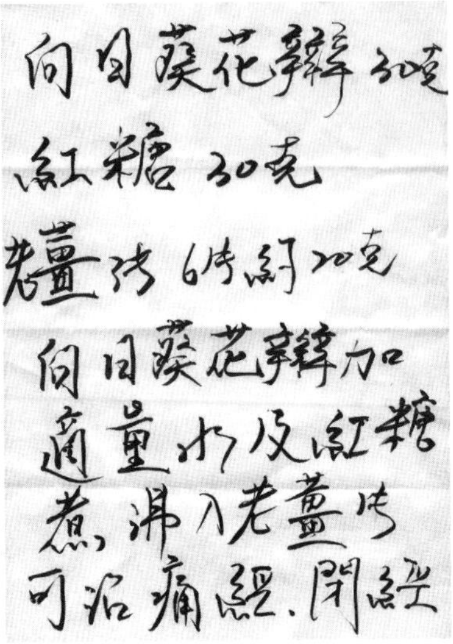

向日葵花瓣 30克
紅糖 30克
老薑 6片約20克
向日葵花瓣加
適量水及紅糖
煮沸入老薑片
可治痛經、閉經

減肥效藥

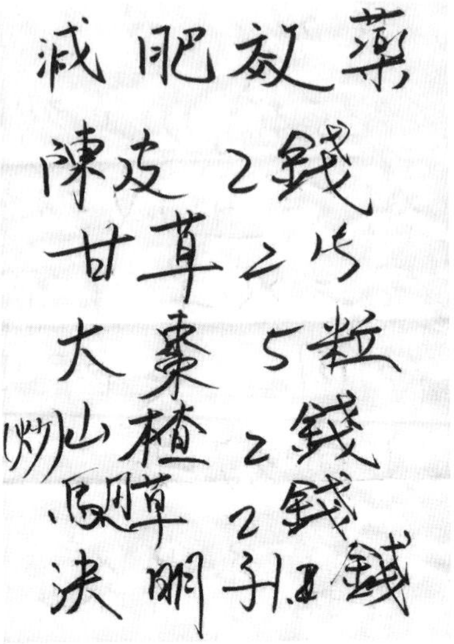

減肥效藥
陳皮 2錢
甘草 2片
大棗 5粒
(炒)山楂 2錢
[illegible]草 2錢
決明子 1.2錢

幼兒防便秘

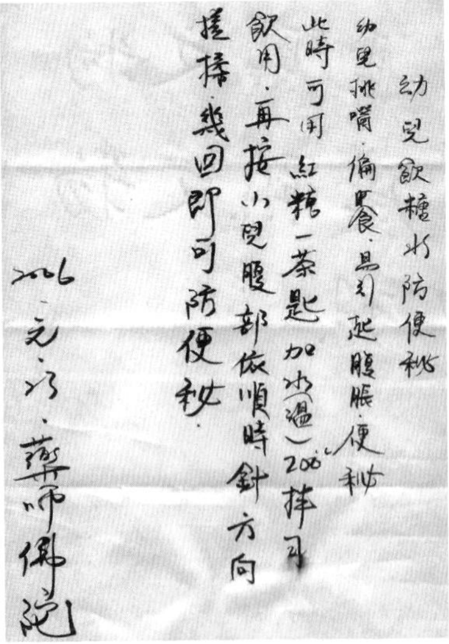

幼兒飲糖水防便秘
幼兒挑嘴、偏食、易引起腹脹、便秘
此時可用紅糖一茶匙加水(溫)200cc拌匀
飲用，再按小兒腹部依順時針方向
搓揉，幾回即可防便秘。
2006 元 [illegible] 藥師佛院

減肥效藥（用法）

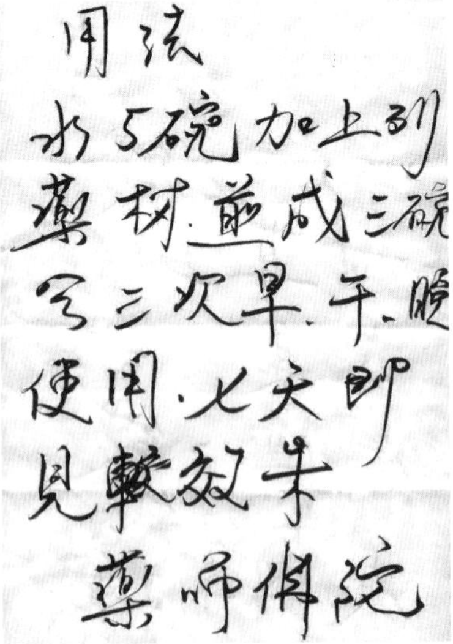

用法
水5碗加上列
藥材，煎成三碗
分三次早、午、晚
使用，七天即
見較效果
藥師佛院

2 彌勒寫春聯

舊曆過年（2006年）前，我家裡的藥師佛陀不在，剛好朋友家的彌勒神靈（見圖）來我家串門子。見到我就說：「過年了，家裡要有些佈置，裝飾一點喜氣，你是一個家庭主婦，難道都不準備一些過年的東西嗎？」「買什麼嘛，過年就我和老公兩個人，況且除夕也不會在我們家過，要買什麼東西呀？」「不是，我不是講吃的，你家不貼春聯嗎？不用寫福到、春到嗎？不用裝飾得漂亮一點嗎？」我說：「不用了吧！」他說：「一點過年氣息都沒有。」我想想就說：「那好吧！你幫我選。」我就帶他去買門聯的鋪裡，我說：「這裡有雷射的還有其他的，你要選哪一種？」「那都很難看啊！」一圈兜下來，什麼也沒買。我說：「你真挑剔啊，這燙金的不好！雷射的不要！手寫的字體又不好！那你叫我怎麼辨呢？」彌勒說：「怎麼辦？自己寫呀！」「我哪裡會寫呀！」然後彌勒說：「我會寫。」我問：「啊？你寫，你怎麼寫？」彌勒說：「當然要借用你的身體。」我嚇得說：「借用我的身體，我行嗎？」彌勒肯定地說：「行！一定行的。因為寫字的人是我，不是你。」

我接著問彌勒：「你懂毛筆嗎？我要買毛筆。」他說：「好，那就去筆莊吧。」到了筆莊，彌勒幫我挑了一枝大楷的狼毫，五百塊。還買一枝小楷的，三百塊。那天，我花了八百塊。

買完毛筆後，我們就跑去文具店買紅紙，先買了一副。心想雖說是借我身體寫，搞不好還是要我寫。而我根本不會寫。所以就只買了紅紙上灑金的那一副。

這天下午，兒子放學回家了，我也正好做完家事了。彌勒就說：「好！現在開始寫吧。」我問：「怎麼寫呀？」彌勒說：「來來，你在椅子上坐好。」然後他附上我的身，而我卻什麼知覺也沒有。那時的「我」，開始磨墨，將紙抹平壓好，拿起毛筆就開始寫字了。寫完之後我就醒了，當我看到面前春聯的字，我自己也嚇了一大跳！這時，只見我兒子目不轉睛的盯著我問：「媽，這字寫得真漂亮！你什麼時候練的？怎麼沒告訴我？」「沒有哇！是那個彌勒剛才附在我身體上寫的。」

「噢！難怪我剛才叫你，都不理我，哇！我看你寫得好用力哦。」

我自己也幻想，會不會我的字就寫得這麼漂亮呢？隨後，我拿張報紙用筆在上面再寫看看，天呀！真是天差地別。彌勒佛問我：「你看看，我的字功力如何？」我說：「我看不準啊，叫我老公看看再說吧！」等到晚上，我就拿給老公看。老公說：「看得出，那是要有功力的人，才寫得出來的字。」

後來，彌勒就建議我再去買兩幅紅紙來寫，一副送給彌勒的主人，一副送給T先生。我問：「為什麼要送你主人呢？」「啊呀，既然主人現在知道我的存在，送他一副春聯，他就更知道我的存在啊！另一副送給T先生，過年大家興旺啊。」

下頁附彌勒寫的兩副春聯：

廣貿以信財豐進
財如曉日騰雲起
利似春潮帶雨來

玉地祥光開泰運
生意如同春意美
財源更比水源長

3 教我讀書的觀音神像（缺圖）

這尊觀音菩薩是在我爸媽家裡的。她的像是，側面手拿淨瓶，身邊帶兩個童子。我小時候就跟她通了，她經常教我讀書學習。以下是觀音神靈自己所說的話。

我生於光緒27年（1901），家住四川重慶西邊的一個叫沙坪壩的小鄉村裡。家有6個兄弟姐妹，我是老大，名字叫殷霞。因為出生的時候是傍晚，爸爸就給我取名叫霞，既是夕照又是晚霞的意思。爸爸姓殷，是街上窮畫畫的，經常在沙坪壩街頭上賣字畫。可是媽媽每次看到爸爸在街上畫畫時，就會氣得把畫筆墨汁通通把它扔掉。因為在媽媽眼裡，這些畫根本沒有辦法填飽肚子。那時候，我們家常常窮得揭不開鍋。雖然很窮，但是爸爸對我們的教育卻很開放，跟一般的家庭教育不一樣，所以我小時候的思想就很前衛。媽媽不允許我學畫，可是我偏要學，因為我覺得繪畫很自在啊！

那時畫畫的人，如果沒有名氣的話，在街上一張畫只賣2文錢，連吃一餐飯都不夠。我爸爸畫的一張畫只賣1文錢或2文錢。記得在我十歲那年，爸爸因生活所逼自殺了。納悶的是爸爸死了之後，一張畫竟可以賣一塊大洋了。自從爸爸死後，媽媽就把爸爸遺留的書籍全部燒光，竟連畫筆、畫具、書架，也通通丟棄當柴燒。從此媽媽就再也不允許家裡有人畫畫了。

到了十九歲那年，我正好讀完高中。媽媽認為女孩念到高中，就已經足夠了。可是我不行，我要念大學！記得媽媽當時幫我找了個販牛的，要我嫁過去。媽媽認為，過日子必須有錢，才能踏實，而販牛的在當時還算是比較有錢的。但是，我的想法不一樣，我想嫁老公，就一定要嫁一個既有內涵又有風度的老公，要能像徐志摩那樣的老公就更好。無奈之下，我上演了一齣逃婚記，害得媽媽賠了人家雙份的聘金。

民國初的時候我考上了國立藝術專校。當時不敢跟媽媽講是藝術學校。那個學校跟一般的傳統學校不一樣，屬於歐美化的教育。當時，我很想學油畫，想起爸爸曾經對我說過，在中國，學油畫會受到傳統思想的制約，所以，最後我還是選擇了學國畫。那時候，我們班上就只有我一個女生，因為那時流行，女子無才便是德。那時徐悲鴻剛從法國回來，在北京國立藝術學校當校長，也在我們學校兼系主任。

畢業以後，我去了一家報社工作。在工作中，認識了一些搞學運的人，當時的學運口號是：「要開放、要平等。」我也積極地參加了學運，並且成了其中的一個帶頭者。就在我們發起運動的第七天，我被抓進縣衙槍殺了。那年是民國二十年（1931）。

離開人世間後，我被帶到了城隍那裡，我以為城隍一定會判我重刑，就沒好氣地跟城隍爺說：「你不用講話，我去地下十八層就是了。」結果，城隍爺說：「誰說我要你去地下十八層？」我疑惑地問：「那不然，還會有地下二十層嗎？」城隍爺講：「我想給你一個供桌，讓你坐在那裡受香火、被供奉，一輩子不老不死的職位。你想想，要不要？」就此，我就跟了觀音菩薩。在菩薩那裡，開始接受修煉，先是念經，再是抄寫金剛經、般若波羅密多心經，還練寫定心咒，培養自己，修身養心。等待時機，也就是說排隊等編號，看看有什麼樣的職位會適合我。

過了四十五年後，我就被指派進這尊神像裡了。那時是民國65年（1976）。在XX市的一間佛具店安奉，一直到民國75年（1986）才被秀慈的母親買下，並安奉在他家裡。

一般我們菩薩是分上、中、下層階級的。我算是中品吧！菩薩階層的分派，與修煉時間和修煉成果是沒有關係的，主要是根據個人的因緣而定，有的是今年跟菩薩修煉，明年就會被派下來的也不少。

4 和田玉觀音像

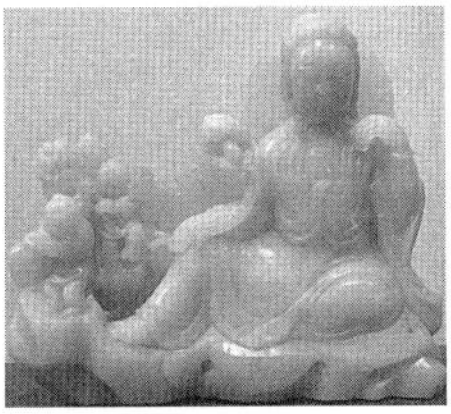

以下是這尊（高20多公分）和田玉觀音神像裡的神靈所敘述的。

康熙十年（1671），我生於北京，家住故宮往西五公里地的張家胡同。從爺爺奶奶輩開始，做了妓院這一行，我是迎春閣的獨生女。那時候的妓院，有分賣身和不賣身的，而我們迎春閣，做的是賣身的那種。來的客人都是凡夫俗子，是一般商人或有點錢就想尋花問柳的人，達官貴人來的很少。

康熙二十三年（1684），我十三歲那年，接手了迎春閣，人稱我陳姐。當時的迎春閣，有二、三十個小姐，大部分都是因為家中沒錢被賣的。那時主要是看女孩姿色論價，醜的三、五兩銀子，稍有姿色的價格就高了。還有那種，眾所皆知的賣藝不賣身的名花，那就更高了。回想接手迎春閣以來的日日夜夜，那種生活，對我來說，真是太痛苦了。女兒長大了，完完全全是我小時候的翻版，每逢出去總是被外人欺負。連我老公都看不起我，到最後老公乾脆整天不回家，在外面喝酒、賭博。

記得在康熙四十年（1701），我那年正好30歲，想改改自己的名聲，就將院名迎春閣，改成惜春閣，做那種只賣藝不賣身的高檔妓院。結果，改了之後，還是一樣啊！外界對我的眼光並沒有改變，家人外出還是抬不起頭來。震撼更大的是，隨著女兒的長大，對我更不滿，還說：「我真的以有你這樣的媽媽而可恥。」那時候我想讓兒女去念書，但學堂都不收，經常會聽到「哦，惜春閣老闆是你媽呀！你爸又是出了名的賭徒，我的私塾教不起。」這樣的冷言冷語。

兒子十四歲了要娶親，沒人肯嫁給他，最後我只得花錢去買一個童養媳。想不到連買來的童養媳，也瞧不起我，對兒子也是愛搭不理的。因為買來的媳婦，是我以前同一個村莊裡的，對我以前十幾歲接客的事很清楚。所以，雖說買來的童養媳才八、九歲，但就是不尊重我。兒子也對著我大呼，說：「我怎麼會生長在這樣的家庭啊！爸爸又是個賭鬼，為什麼我們家是這樣子的？」

那天晚上，我整晚都睡不著，躲在被子裡面邊哭邊痛心地問自己，真要這樣子終其一生，世世代代的過下去嗎？不！我要讓我的下一代，抬頭挺胸的出去做人。最後狠下心來，「結束惜春閣！」

隔天早上起床後，我把所有財產清算好，讓小姐們都回去。把原有的房宅改裝一下，開了個餐館。可是不容易啊！昔日的印象叫人難改啊！餐館開了沒有幾個月就關掉了。那陣子我真想自殺，這樣過日子還不如死了算了。

後來實在沒有辦法，就舉家搬遷到了京城郊區，過著一般平常人的農家生活。從事簡單的種地瓜農活，女兒呢做些女紅。想不到這樣一來，我與女兒的感情反而變好了。雖然外出時，還是會受人家的指指點點，可是沒有像以前那麼嚴重了。

快四十歲的時候，經過友人介紹，我開始了念佛經。想當時，由於我做過特殊行業，所處的地位是很低等的，想學佛經也是很困難的。記得我剛開始去靈隱寺時，就碰到村裡的一個熟人，那人回村裡一講，結果整個村裡人都認為我去佛寺，那簡直是老天要下紅雨。等我再去佛寺的時候，村裡人就攔在門口說：「你不可以進寺，你這種人應該到廁所裡去。」我那時，蹲在寺廟門口哭啊哭了很久。後來，從寺廟裡出來一個師父，領著我要從正門進寺，我嚇得不敢進，想走邊門。結果師父說：「進到這裡來，大家都是平等的。」哇！終於有人不把我當劣等人了。後來我就跟師父討教，我要怎樣念佛？師父就讓我回家先念《定心咒》，並說：「你要先把自己的內心安定下來，不管外界人怎麼看你，這都沒有關係。最關鍵的是，你先要自己看得起自己啊！」想想也是啊！從小我就是看不起自己。從此以後，我就聽師父的，師父叫我回家念什麼經，我就念什麼經，遇到不懂的，就再去問師父。

剛開始老公笑話我，「你這種人也配念經！」我就記著師父的話，先要看得起自己，不管老公怎麼講，我還是堅持念經。說來也怪，以前的我，脾氣火爆，講話粗俗，自從念經之後，性情上有了變化，一是再也不會潑婦罵街了！二是再也不說粗俗的三、五字經了。特別是老公早出晚歸時，我會耐心的等待，毫無怨言。老公也開始感到我似乎變了，慢慢地願意跟我在一起了，夫妻也開始能坐下來談話了。

先前的老公，根本是看都不看我的。結婚生小孩，在他看來，純粹是為了傳宗接代。要說相愛，簡直是天方夜譚。有一天，先生問我：「我跟你結婚三十載都不理你，還去外面豪賭，而你為什麼至今還要無怨無悔的對我呢？」我對先生說：「你是我的丈夫啊，況且我知道你的本性不是這樣子的。凡事有因果，你去賭，那都是因我而造成的。」那次談話後，先生漸漸對我好多了，也不再去賭了，在家的時間也多了。

最後，老公終於跟我相愛了，完完全全的接納了我，出門也願意帶著我了。就這樣，我從三十多歲開始念佛經，一直念到69歲往生。

5 宋朝觀音銅像

這尊（高50多公分）觀音銅像裡的神靈述說如下。

宋朝欽宗四年的夏季，我出生在四川的一戶經商家庭。當時我們的家，在村裡也算是有點名望的。父母雖然識字不多，但很重視教育，儘量讓我們幾個小孩去讀書認字。我是長子，姓字名四維，弟弟叫八德，還有個妹妹叫四端。從小父母就告誡我們，做人要誠實，待人要誠懇。

我七歲那年戰亂興起。家裡的錢都被軍隊搜刮去了，家境隨著戰亂開始沒落。家中無錢，實在沒有辦法養活我們，父母只好把我送去寺廟跟師父，把妹妹送給人家當丫環。不久以後，父母就雙雙過世了。

剛去寺廟的那陣子，我很悲觀，怎麼也想不通，好好的家，怎麼一下子就被戰爭給毀了呢？覺得活在這個人世間真是沒意思！於是就自暴自棄，整天渾渾噩噩不知好歹。不管師父跟我講什麼，我都聽不進去。師父教我練功，我不理也不練。那時練的是輕功，每天要把鉛塊綁在腿上去挑水。我越不聽師父的話，師父就越逼我幹粗重的活，砍柴、打水、甚至還要幫忙修房子。

有一回，我下山去見妹妹，妹妹在別人家裡當丫環，已經十二歲了。那天，她告訴我，那戶人家要把她納妾，妹妹不願意想逃跑。我一聽，拉著妹妹就跑了。我師父知道後，派人和那戶人家四處找我們，結果我們還是被那戶人家找到。由於妹妹不服，只好投湖自盡了。

在這之前妹妹就跟我說：「哥哥啊！我們環境雖然變了，但爸爸媽媽教我們要誠實，做一個正直的人，你可不能變啊！你是老大，你要帶頭聽爸爸媽媽的話呀！」妹妹死後，一想起她的生前話，我就揪心得難過，整天坐也不是站也不是。那天半夜，我找來弟弟，一起跑去父母的墳地。戰爭時期的墳墓，是隨便挖一個坑，就把人埋葬了。我們在埋爸爸的土堆上畫一個圈圈，在埋媽媽的土堆上打一個叉叉。那天我們兄弟兩人，坐在爸媽的墳堆旁，想著死去的妹妹，我又將妹妹在死之前講的那些話，告訴了弟弟。弟弟聽後說：「哥哥呀！妹妹說的對，你一定要為我做榜樣啊！」那晚，我在爸爸媽媽墳前發誓，絕不再這樣渾渾噩噩了！

這時我想，還是要回寺廟。可是當回去寺廟時，師父卻不理我了，把我關在寺外不讓我進門。想想平時，我對師父的教育和關心，一直置之不理，也難怪師父要生氣。實在沒有辦法，自己又沒其他地方可去。我就一直站在廟門口，足足在門口等了四十九天。

有天早上，師父終於開了早門，問我：「你現在真正認同我這個師父了嗎？你能保證遵守父母的遺言嗎？」我說：「我認同，我遵守。」

本想，我認同遵守後，日子會好過一點，最起碼我可以跟師父學學經書啦！結果沒想到頭一年，師父依舊讓我去砍柴打水，然後還要我學習打理廚房事務，就是沒有讓我學習半點經書，甚至連功夫也不教我了。後來，我問師父為什麼？師父說：「讓你去砍柴挑水做苦工，為的是磨練你的個性，你太容易衝動了。」後來我才頓悟意識到，師父叫我挑水，是為了練我的背和腳勁。腳上綁鉛塊挑水，只是練輕功的初步。記得有一回，師父突然叫我從廚房出來，遞給我一根棍子，叫我跟師兄打架。對打過後，我才知道我的腳很輕。後來知道，寺裡的每一個師兄，都是這麼練出來的。

到了十四歲，師父還是沒有讓我接觸經書，只是開始教我最基本簡單的識字。雖然以前父母教過我，但那只是認字而已，並沒有告訴我這字的意思。而師父教我就不同了，不僅教我認字，還要告訴我字義和道理。認字以後，師父教我讀四書五經，並慢慢講解其中的含義。就這樣，一直到我十九歲那年，師父才開始教我念經。念的第一部經就是《父母恩重難報經》。

那個時候在寺廟裡，每天三餐吃的都是糙米，配的菜是自己種的青菜。遇有饑荒時，就要下山去化緣。喝茶要到逢年過節，喝僧茶是很注重茶道的。茶葉，要從樹上採下來，剁碎再磨細。那時流行配花生末加糖泡著喝。一般先泡給師父喝，師父喝過後，有剩下的，我們才有得喝。泡茶是這樣的，先放茶葉，再放一匙炒香弄碎的長生豆（花生），然後放甜菜糖加開水沖泡，需溫熱著喝。喝前還要轉左八圈右八圈。當時的喝茶人家是很上等的，一般人家，是沒有辦法喝到茶的。賣茶葉的也是屬於很高檔的行業。那時候，穿衣服也有分階級，民間不能穿黃顏色的衣服，一般的百姓只能穿麻的，鞋子是用草編起來的那種。

師父對我這輩子的影響很大。在我二十二歲那年，師父說我可以下山了，並問我：「你下山第一件事情是做什麼？」我說：「去父母的墳前懺悔。」師父說：「對！因為你以前違背了父母的教誨。」所以說，在我二十二歲時，我才幫父母修了墳。

然後我就開始了下山佈道。我下山以來，一直都沒有跟師父聯絡過。因為師父說過，走出了這個廟門，一切事例都要以佛理為主，不用跟師父聯絡，凡事靠我自己，也不希望我回去。可是，下來不到兩個多月的有一天，突然間很想師父，我心神不寧，決定還是回去看看師父再說。結果回去一看，整個佛寺被戰亂毀了，寺廟裡的師父已經坐著圓寂了。

我把師父屍體處理後，就開始沿途化緣。我決定要把師父的精神傳遞下去。將化來的錢財，再請人在原地蓋廟宇。廟宇蓋好後，我就開始講經講佛理，雖然接觸經書才三、四年的時間，但盡我所能，給一般人作答還算過得去。

在二十多歲時，我碰到了一個女性，她一直叫我還俗，還跟我說要嫁給我，我覺得那個女孩不錯，也是個知書達理的人，有一陣子還真想還俗。那陣子的日子，真是痛苦，我想了許多排遣的辦法都沒用。先是用念經的方法，不管用。然後，又反覆回想師父以前講過的道理，也沒用。滿腦子就是，我要不要把袈裟脫了還俗去？將近有一年多的時間就是跳脫不開呀！

後來，還多虧了一位八、九歲的小沙彌開導了我。那個小沙彌是在我建廟後，有對夫婦託付過來受訓的。我每天都要在廟宇裡為僧人開講佛經。記得那天開講課後，小沙彌跑來問我：「丈人，你今天講課怎麼語無倫次、顛顛倒倒的？」我說：「我覺得今天講得很順啊！你怎麼會這樣問？」小沙彌說：「你今天感情不對，沒有放心思在講堂上，你是怎麼了？」不知為什麼，在當時我竟把這個心思告訴了小沙彌。小沙彌聽後就講：「丈人呀，你不是老告訴我們說要化小愛為大愛嗎？你怎麼自己鑽進死胡同裡去呢？你教我們說別老想著爹娘，說爹娘把我們送到這兒來，就是要我們成就大事業啊！那麼丈人您怎會為這個事情想不開呢？」哎呀！我這才恍然大悟，意識到自己這種愛，真的只是一種小愛。當時是很痛苦的，其實講白一點，我們那時也會有生理上的需求啊。

之後就這樣在廟宇裡過了三年。那個時候，一般普通人，信什麼的都有。當時除了佛教外，還有人信伊斯蘭教、小乘佛教和蠱教。那蠱教是害人的宗教，我為了說服大眾不要去信害人的教，結果惹來殺身之禍。很慘喔，死時我只有三十八歲。

當我去城隍爺那裡報到時，城隍給我看生前的功過，然後告訴我，你這個人不僅心存善念，還頗有正義感，已經到了菩薩的階級。

往生三年後，就被派入到這尊金銅佛像裡面。記得這尊佛像，是在溫州一個廟宇裡面開的光。開光至今，也被轉手了好多個主人。我覺得最有意思的一個主人是德國的情報員。

我的主人是德國的情報員。在清末那時，德國政府為了對日本有所瞭解，就派了六個人從中國轉到日本，我也隨主人到了日本。那是一個很寧靜的小城市，就在酒田那裡。我比較喜歡日本，特別喜歡在海邊看海景。在日本，我還學會了日本話，英文也學了點。主人為了更方便收集日本情報，當時娶了一個日本太太，名字叫山葉，而我的主人用的都是假名字。平時，他在日本一個小小的事務所辦公，將收集來的地籍資料，傳去給自己的祖國，而主人的老婆一點也不知道。後來，主人年紀大了，就主動向祖國申請退休，請求在日本安度一生，結果祖國答應了他的請求。民國六十幾年的時候，也就是在退休的那個月，主人才對他老婆說：「我這輩子，做得最對不起你的一件事，就是沒有告訴你，我是德國情報員。」

後來，離開那主人來臺灣時，已經是民國八十幾年，在這段時間內，我也有回去過中國。

要問我在佛像裡面的任務是什麼？最直接的方式就是進到供奉人的夢裡提醒什麼的。比如，你今天做了一個春夢，那要轉達的意思就是：「你最近不要接近女色，不然你的財產就要流失。」但是，我發覺人類往往會被一個貪字牽著走。就是托夢給他，也沒什麼用。

就說我到H市之前的那個供奉者吧！當時因為他身體不好，事業不順，又怕失財。我就在夢中直接告訴他：「你不要去外地發財，好好的守著本地。這樣做的話可以賺個幾十萬。」連續讓他夢三遍。第一天夢後他很高興的說，神靈終於聽到我的心聲了，還給了指示，叫我不要去外地發財。第二天做夢醒來見解不同了，「噢，幾十萬，到底是幾十萬呢？神靈快告訴我，我要去簽六合彩嗎？」那天晚上，我又給他同樣的夢，對他講：「你要好好做，不要去想別的。」第三天起來，「好！又是做同樣的夢，我一定要去簽六合彩啦。」把我說的「不要去想別的」忘得一乾二淨。結果一簽就簽了三萬，輸了三萬還不止，最終輸了將近六十幾萬。最後不得已，只好把這尊佛像賣去H市啦。在H市的店裡住了一個多月，有幸碰上現在的主人，也算是有緣吧。下面讓現在的主人（著者）說說當時的情況吧！

那次，我們夫婦像往常一樣去古物店裡，隨便看看。而這個佛像當時擺在展櫃的最上面，「嘿！上面那個佛像看起來好像很老，還有個神靈在裡面念經呀！」我就問神靈，「你在念什麼經？可以告訴我嗎？」神靈當時嚇一跳，說：「你在跟我講話嗎？」「我是在跟你講話啊。」然後神靈豎起一根手指在我面前晃呀晃，我說：「你不用跟我揮手指頭，我看得見。」後來我問神靈，「你是遼金時代的嗎？」因為店主說是明代的。我先生在一旁跟店主講話，我就跟神靈聊，用心靈在溝通。然後我先生問我：「他是遼的還是金的？」神靈聽了就說：「什麼？我是宋的，是宋朝。」最後我們決定買下。「耶！你們要把我帶回去喔？」我說：「對呀，你不喜歡跟我回去？」「不是不是，我只是覺得你們家裡面已經有很多神了呀。」

主人問我最高興的是什麼？我說：「兒時，能吃飽飯就是最高興了。青年時，有一個能講知心話的人是最高興了。現在，是只想供奉我的那戶人家能安居樂業就是最高興的了。」

奉勸世人最重要的是：做人要腳踏實地。現在年輕人的敬業程度太差了。最近聽到年輕人要找的工作是要：「錢多事少離家近。」還要「睡覺睡到自然醒，領錢數到手抽筋。」現在年輕人的眼光太短淺，只知今天肚子吃飽，手機用新的就是好，根本不想明天的事。更沒有想過，若干年後拿什麼本來娶妻生子？如何承擔一個家庭的重擔？真希望現在的年輕人能夠把眼光放遠一點，勤勞樸實才是上策。

6 金童與玉女

金童（上圖）

玉女（下圖）

右邊上圖的神像是清朝道光（1821～1850）年的飛天，稱金童。我出生於嘉慶時期（1796～1820），家住安徽合肥，家裡有爸爸、媽媽、弟弟、妹妹和我。爸爸種田，媽媽織布。記得八歲那年，有一天，爸爸媽媽正好不在家，家中突然著火，我一發現，立即拉著弟弟、妹妹往外跑。當我三人逃出著火的家後，猛然發現還有一個長工的孩子在裡面。為了救人，當時也不知火勢已大，不顧一切地衝進房內，就在把那小孩抱出來的瞬間，我被燒塌的樑柱打倒了。長工的小孩沒有傷到，而我就去了城隍爺那裡報到了。

記得當時城隍問我：「你才活了八歲，會不會覺得生命太短了。」我說：「不覺得，只要活得精彩就值得。」城隍表揚我，說我是個很機靈的小孩，在突發事中能夠做到這樣救人。還說我平時樂做善事，比如，看見路邊一個老太太，手裡拿著很多物品，我就會上前去，幫忙提東西。「快樂出門做好事，平安回家孝雙親。」這是生前老夫子教我的一句座右銘，城隍爺說我做到了。隨後，就把我派到觀世音那裡去修煉。

大概有三十多年的時間我跟著觀世音修道。那時修道的有一批小孩，我是其中的一個。剛開始，觀世音讓我們修煉定心。就是讓我們坐在一個地方，先是規定坐滿一個小時不准動，一個月後，就開始坐二個小時不准動。幾年的修煉下來，就看我能不能定得住。然後呢，觀世音就把經文，像講故事一樣講給我們聽。比如在講波羅蜜多心經時，觀世音就叫我們先不要看經文，由她告訴我們這幾句話的意思，然後再用一個故事來概論，經常用一些小短篇或是小故事來啟發教導我們。

三十多年後，也就是道光（1821～1850）二十七年時，我進到了這個銅像裡面。記得那是在一個煉銅的店，進去神像時，真是用了很大的力氣。當時，那個煉銅師傅穿著短袖短褲，他有一點點請神佛的知識，把我請下來時說：「我送你到廟裡面去開光，等一下有某某人會去那邊接你回去。」就這樣，煉銅師傅就把我這尊神像（見圖），送到河南臨縣的廟裡。那個廟宇不是很大，小小的。神像送到廟裡，就恭放在廟裡的供桌上，然後由廟裡的僧師進行開光。開光儀式過後，就來了一個姓何的主人，把我捧著抱回了家。供放在主人家的觀世音神像旁邊。後來主人老了，又把我送回廟裡，在那個廟裡住了很長時間。後來那廟被拆掉後，我又轉了幾家。最近這幾年才來到臺灣。先是一位大陸新娘帶來的，之後又被轉賣到這邊來了。

那時被請下來的任務，就是專門輔助觀世音菩薩。也就是儘量去做輔助工作。比如，以我現在的主人來講，有時出現情緒不穩定時，我就在能感應主人的範圍內，用意念去影響他。使主人冷靜下來後，再由觀世音菩薩進到夢裡慢慢去引導他。

130頁下圖的神像是清朝道光（1821～1850）年間的飛天，稱玉女。我出生於嘉慶（1796～1820）年間。我家姓錢，是廈門海邊的一戶漁民。父母除了捕魚其他什麼都不會。家裡很窮，捕魚的船是用木板做的，全家整年就靠捕魚為生，媽媽經常叫我去撿人家丟掉的菜皮回家煮著吃。碰到天氣不好，往往是外面下大雨，家裡下小雨。那時貧窮人家念書是很難的，湊巧村莊裡面來了一個教書的夫子，爸爸就請那個夫子教哥哥。不是請來家裡的那種，而是到夫子私塾裡去聽課。那時整個村莊裡只有那裡可以讀書。哥哥去讀書，我就一直幫忙家裡，還經常跟爸爸出海捕魚。就是將捕上來的魚，從魚網上拿下來，放到魚簍裡面去。

我往生年紀比金童大一點，是在十一歲發生船難時往生的。那一天，出海捕魚，海上風大雨大，浪也很大，船就在那時被整個翻過來了。我和爸爸都被大海吞沒了。當我見到城隍爺時，城隍問我：「你在這樣的家庭環境中，為什麼看不到你對生活的一點怨恨呀？」我說：「環境不好是沒有辦法的，如果我再有怨恨，那爸媽不就更苦了嗎？所以為了爸媽，我只有幫忙家裡，能幫多少就幫多少。」隨後，城隍爺就派我到觀音身邊去修煉。

跟著觀音菩薩修煉了二十八年，那時與金童是同期的。經過一段時間修煉後，我們就要進行「選主」，就是選出能輔助正神工作的幫手。飛天要選童子和童女，就是要選一對最有默契的童男童女。我被選上為玉女，與金童一起輔助觀音菩薩，我們是既有分工又有合作。就說我吧，性格屬於偏靜，碰到主人騷動的時候，就比較能夠讓主人先靜下來，然後再由觀音菩薩去引導他。

跟觀世音修煉時期印象最深的就是：「菩提慈悲心。」在剛開始修煉時，我不識字，就只想學咒語。觀世音就說我，不能因為不識字，就只念咒文。這樣不行，必須要認字。只有學會認字後，才會念經文。

縱觀一生，我覺得做人最有心得的一句話，就是「有容乃大」！今天我想跟世人共同記住這句話。

7 唐卡中的釋迦牟尼

唐卡中間的釋迦牟尼佛像有神靈。有一天神靈跟我說了一些有關他的事情。以下是他所說的話。

我是乾隆（1736～1795）年間出生在東北滿洲圖侖城旁邊的葉赫縣。姓葉赫那拉，名字碩爾托固倫長。我的祖先是女真族，我五十歲時因為生病（很嚴重的咳嗽）而往生。

往生後，城隍編派我在釋迦牟尼身邊修道，經過二十多年修道後，在道光（1821～1850）年間進到這張唐卡裡。當時，是一個信徒把這張唐卡奉獻給寺廟，然後寺廟在一次固定的法會上，進行開光典禮時被請下來的。隨後這張唐卡，就一直掛在佛塔第六層的牆壁上。

那個佛塔在圖侖城，佛塔的年代很久了。八國聯軍侵略中國時，一幫士兵衝進佛塔，就整牆壁的搜刮擄掠。這張唐卡就在那時，被一個金頭髮的外國士兵扯下來搶走，後來就一直放在俄國。幾經輾轉，直到民國時期，才被這張唐卡的俄國主人的孫子帶來中國。

我生前是個賣人參的商人。爸爸、媽媽做皮草生意，就是那種打完獵後，在家裡做毛皮，比如兔皮、狐皮什麼的，然後再拿出去賣。哥哥是個很有頭腦的人，覺得做皮草生意勞力多、賺錢少，而小小人參挖一個就能賺好多。我十三歲開始跟著哥哥做人參，是哥哥把我引入這一行的。

那時本地產的參，沒有朝鮮那邊的好，有些同行都會越過邊境，去韓國挖人參。我也去偷挖，結果被人抓進監獄，在牢裡蹲了兩個月。但是出獄以後，第一件事還是去偷挖。因為那裡的參能賣好價錢。我記得挖到過一棵二百多年的人參，後來賣給富有人家，得到白銀一百多兩。

由於偷挖人參，又是被抓過，在當地，我的商譽越來越差。無奈只好到外地去，因為外地沒人知道我的身世背景。所以到了二十二歲都沒成親，沒有一個女孩要嫁我。那時，娘就跟我講：「兒啊，哪裡跌倒哪裡爬起來，對自己要有自信，不要跑那麼遠去做生意啊。」那一陣子的我，到了外省是英雄，回到家鄉是條蟲。

後來，終於有一個女孩願意嫁我，條件是我必須回家。我當時就問女孩，「你怎麼會願意嫁給我，難道沒聽人家說過我嗎？」女孩說：「人呢，有壞也有好，況且，你也沒去吃喝嫖賭，每個人犯錯都是難免的。今天我願意嫁給你，但是你要給我一個承諾，帶我一起回家。」

當年我們就回家鄉，開了一間參店，可是三年多以來沒有一筆生意。事實上，根本就沒有人願意進來，甚至還傳言：「這家店裡面的人參吃了會死人！這家店的老闆是小偷，品行不好！」這三年裡，我們全靠媽媽的幫助過生活。曾經也有過動搖，想再次外出。但太太在旁不斷地說：「不管怎麼樣，我們就是要落地生根地好好做。如果選擇逃避，我們今後有什麼臉面對子孫？更不能讓我們的子孫以你為恥辱。」就這樣，我含笑忍耐整整三年。

三年後的一個偶然的機會，有幸認識了圖侖城主，才使我得以改變了狀況。城主是個很直率的人，對手下也慈悲，大家都很愛戴他。那時的我，真是到了黔驢技窮的地步，無奈之下只得帶著人參上門去賣。那天是第一次去圖侖城，想問問看城主要不要買人參。在與城主閒聊中，我把自己為什麼三年來都沒有生意的情況告訴了他。城主聽後就說：「沒有關係。商譽是靠做出來的，只要你堅持好好地去做，總會看到前途的。我先來買你的東西，做個實驗讓大家看看，看我吃了會不會死掉。」

就這樣，我第一次把人參賣給了家鄉人。那天回去後，我整整幾晚睡不著覺。想到城主的寬容和自己所做的一切，真是感慨萬千。後來，那個城主就吩咐他的兒子、女兒都來我家買人參，慢慢地我的生意就好起來了。

自從認識了城主以後，我就開始接觸了一些佛經。看了佛經後，才覺得自己以前真的犯了很大的過錯。為了自己的貪念，跑去偷人家辛辛苦苦種的人參。後來才知道，被我偷參的那戶韓國人家的太太，因為種的人參全被偷光而自殺。我真是覺得好罪過！

為賠償他們，我曾去過這戶人家，可是被那位先生擋在門外，無奈之下只得回來了。從此，我就決定要盡自己所有力量去幫助別人，村裡一有什麼事情，我就會儘量去幫忙，慢慢地人際關係也變好了。

我的故事講完了。因為犯錯，忍耐了三年，幸得城主寬容，開悟了我的人生。最後我要用自己的切身體會告訴世人，千萬記住：「勿以善小而不為，勿以惡小而為之。」就是說，不要以為是小善事就不做，更不要以為是小惡事做了也沒關係。就像當初我以為偷挖人參是小惡事而做了，結果呢？害了人家又差點毀了自己。

世人，請記住啊！

勿以善小而不為，勿以惡小而為之！

8 大黑天

一位朋友外出旅遊回來，買了兩個大黑天善泥佛和一個文殊菩薩善泥佛。今天拿給我看，想知道這裡面有沒有神靈。結果，本頁照片裡左上角的大黑天有神靈在。我就問他，你是誰？在這裡做什麼？

我是生於北宋（960～1101）時期的中原甘肅人。年輕時進京赴考，考上後，被派到蘭州郊區小縣衙裡面當捕快。捕快的工作就是，在發生民眾被搶、被砍殺的事件時，負責勘察現場收集資料給判官，就像現在警員裡的刑警。

我是在北宋時往生的。往生時，霞海城隍說我這一生剛正不阿，所以就讓我跟菩薩學經。由於缺乏自信，在佛母身邊學經一百多年都一直不敢下來，一直到了（1271～1368）元朝，才開始自願下來，被派進到大黑天的善泥佛神像中，為世人鎮宅驅邪避凶。

一開始的時候，這尊神像在西藏，是靠近印度地方的一個塔基裡。那個地方天氣很乾燥。我的任務就是不管在哪裡，廟宇或是家裡，就是幫助世人鎮宅和驅邪避凶。也就是俗話講的那種，好事來，壞事走。我（大黑天神像）旁邊的文字是藏文咒語，也是起驅邪避凶的作用。主人買的另外一塊大黑天和文殊菩薩善泥佛，現在是空的，所以建議主人最好是把這個文殊菩薩放中間比較好，這樣就不怕有些不好的靈會進去，因為有大黑天保護著。你問文殊菩薩的神靈還會不會進來？不一定，這要看開光請神靈時，哪位神靈會被請進來。

我大概是在三十年多前，塔基倒塌時被取出來的。然後被古物販子帶來帶去的，輾轉了很多地方，一會兒雲南，一會兒甘肅，中國大陸幾乎快跑遍了。到臺灣來還是第一次。最近碰到的這個販子，是個把錢看得很重的西藏人，娶了一個漢人做太太，家住甘肅，經常外出，兩三個月在貴州，然後又兩三個月在雲南，每到異地就住客棧，這裡住二三天，那裡住二三天。至於信什麼教，這人總是隨便說，逢這人說信奉喇嘛教，逢那人又說信奉伊斯蘭教。這人做這行有六、七年時間，但不太懂貨，只會看這東西是老的或是新的，對於東西是什麼朝代，就分辨不清了。有時還會拿假的東西來騙人，因為真的東西進貨比較貴，而假東西就隨便拿點錢就可以了。說起來也蠻好笑的，這個人賣東西時，為了讓自己好分辨，會把古的東西放一邊，新的東西放另一邊，如果把東西攪和在一起的話，恐怕他自己也分不清楚，因為這人不是挺在行的，但開價都很高，買這個人的東西絕對要講價，起碼殺半價。這幾年，這個人也賺了一點錢，家裡生活也改善了很多。

最後我想告訴世人，無論做什麼，一切要有善念，不好的事情千萬不要去做。

9 紫檀觀音

這尊是清朝道光（1821～1850）的觀音木雕像。佛像裡的神靈說：我是乾隆（1736～1795）時候的人，生前住在湖北省襄州。姓喬，名字叫阿玉。四十多歲意外往生（被人推到井裡），在那剎那，我看到親生父母（亡靈），跪在地上向我說對不起。當時，我非常驚訝，因為在我心中，沒有絲毫覺得父母有對不起我的想法。接著陰差就引我到了城隍那裡。城隍問我：「你覺得這一生跟其他人有沒有不一樣。」「沒有不一樣。」城隍說：「你有與別人不一樣地方，特別是當你遭受了那麼多的痛苦後，居然沒有怨恨一聲。始終保持那種簡簡單單的平常心。」說完就派我跟觀音菩薩去修煉。

跟著觀世音修煉了很多年，也學了很多。要知道我先前是個大字都不識的人，剛開始觀世音菩薩先教我認自己的名字，教我怎麼看、怎麼寫，然後再教我學漢字。會認字以後，就教我念經。我最常念的經是波羅蜜多心經。

修煉期間，觀世音菩薩說我性格太內向。身上有一個蠻大的缺點，就是不善言辭表達，並說這個障礙會影響到別人對我的瞭解。還說，做人一定要學會表現自己。其實，去城隍那裡報到時，城隍在給每個人觀看自己整個人生錄影時，我就已經看到了那個只會做事不願講話的我。觀世音要我改這個缺點。說真的，剛開始我還有點做不到，就像今天要來講我的故事，我也猶豫了很久，覺得自己微不足道，沒什麼可講。

我從乾隆（1736～1795）那時跟著觀音菩薩修煉，一直到了道光（1821～1850）時期，才進來這尊神像裡。下來時候，由於碰到了半桶水的開光師父，把我請下來，卻沒有幫我開光成功。沒有開光成功的我，就像瞎子一樣看不見任何東西，在神像裡的一百多年真是比死還不如。直到最近來到這裡，有幸碰到能看得見我的主人。謝謝主人請出老一輩的神靈，為我先念咒語，後點朱砂，這樣才幫我開了光，才使得我能夠進出自如。我們神靈除了發生什麼大事或困惑的事，要馬上見觀音之外，一般規定是一年要有三到四次的時間，向觀音彙報業績。

我在世的那一生，家裡很窮，父母全靠做豆腐買賣，養家糊口。家裡有八個兄弟姐妹，我排行第五，妹妹第六。我和妹妹後來都分別被賣給別人家，六個男孩留在家裡。

我兩歲時被父母賣給人家當童養媳，那家養父是挑糞便買賣的。到了十一、二歲時，養父母家的兒子生病死了，養母就讓我回自己的家。回家以後，煮飯、挑水、洗衣和上山砍柴等全部家務，都是我一個人做。十五歲那一年，哥哥做生意失敗，欠了人家很多錢。為哥哥還債，無奈的父母把我當物品抵押給了當鋪。把妹妹送到歌妓院。我那倔強的妹妹因為受不了父母的安排，氣得投河死了。

我被抵押的這家當鋪，當時還兼做地下錢莊。那時候，鄉下拿出來當的東西真是五花八門，有的窮人還會拿自己的頭髮來當，因為髮絲可做髮繡。在清朝時候，頭髮是自己的寶貝，是受之父母的身體髮膚，絕對不可隨便處置的。無奈，那時的窮人拿到當鋪裡當得最多的，就是女孩和頭髮。但也有例外的，有一回，我看見一個婦人領著一個小男孩，來我們當鋪抵押了十兩銀子。那時，我難過得哭了兩天，覺得那男孩簡直就是自己的翻版。後來我悄悄地把自己的私房錢給那婦人，請她來當鋪把孩子贖回去。

因為我是被抵押進當鋪的，所以只能做這家當鋪先生的小妾。一開始的時候，公婆待我比下人還不如，吃飯只能躲在豬圈裡，吃的菜跟豬食是一樣的。第二年先生娶了一個大老婆，卻所有的家務雜事還是由我一個人做。當時我只有一個信念，好好做事，誠懇尊敬當鋪裡的所有人，對公公婆婆更是誠實恭敬。那樣過了兩三年後，鋪裡人開始對我有了轉變，久而久之，公公婆婆也開始變得信賴我。那時我也陸續生了三個女孩和一個男孩。這時候，比我後來的大老婆想不通了，我原來是一個家裡最不受重視的人，怎麼一下子家裡的大大小小變得都聽我的。這樣一來，大老婆頓時感到自己的地位岌岌可危，開始懷疑我，會不會在她背後使壞。因此，她整天疑心疑鬼並懷恨在心，最後終於發生了把我推下井裡的那幕慘劇。

時值今天，我也一點不怨恨大太太，因為她是被嫉妒心蒙蔽了。我一直記得，當時在養父母家生活的日子，雖說日子不好過，但養父一直教育我們，做人要腳踏實地，不要天花亂墜，想入非非。還說，即使我們做糞便買賣，也要憑自己的努力去做好它，做人一定要有這個骨氣。所以，我這一生，不管到哪裡，不管在什麼地方，也不管外界怎麼看我，我都是盡自己的本分，把事情做好。

要問我，最想告訴世人的是什麼？那就是處世先學會做人，自己要簡樸一點，教育孩子要靈活一點。做父母的要跟著時事潮流多多觀察，多實事求是點，不要沿用過時不適的習慣去框住小孩。

10 我家的財神

這是我家供奉的一尊木雕坐姿財神像。是清朝咸豐時期（1851～1861）的，有50公分左右高，樣子很威武。以下是他做的敘述。

我姓陳，名甘霖，住濟南。我父母在城裡開了兩間小店鋪，主要是做麵條和窩窩頭。以現在來說，就是製麵店。我是獨子，小時候，父母親很寵我，寵得就差一點沒有上天摘月亮給我。因為太寵，所以到學校也不好好念書，整天混來混去，吃喝嫖賭樣樣來。十歲左右就開始賭錢，賭輸了也不怕，心想反正我爸有錢，哪怕天要塌下來也不怕，有我老爸擋著呢！就這樣，我開始從有錢賭到沒錢，把自己的零用錢賭光後，就開始簽借據，立紙條，反正什麼樣的虧空都有。

到了十七、八歲的那年，有一次賭債簽到白銀兩百多兩。這次真的把父親擊倒了，而我卻滿不在乎，認為：「老爸會有辦法，如果老爸真沒有辦法幫我還錢，那也不關我的事。」在別人眼中，我是個不孝子孫。不！應該說簡直是個敗家子，可我卻認為自己很正常。就這樣，父母的家業，被我弄得從有到無，甚至把家裡房子賣掉也不夠，還欠了很多錢。這時媽媽才開始罵我：「都是因為太寵你，才搞成現在這個樣子！」可是我覺得自己沒有做錯事，媽媽憑什麼可以罵我？在那時我不知好歹，像是吃了熊心豹子膽，回罵媽媽：「誰叫你以前不好好教我，弄成這樣是你的錯，你去死吧！」

結果誰知道，媽媽真的去死了。這下被全村人知道了，個個氣得拿著棍子來打我。從此，鎮裡的每一個人看見我都指著鼻子罵，罵我不僅把父母的家業敗完，還把自己的媽媽氣死。

這時妻子也帶著小孩離開了我。剩下爸爸和我，兩個人只能住在破草房裡。那陣子，因為欠了很多錢，根本就不敢出門。老父天天在家裡以淚洗面，就是想不通怎麼會生了我這樣的兒子。而我也想不通，外界為什麼都要這樣的看待我？我一度曾經計畫去搶錢。當時被老父知道後，痛心地對我說：「你已經很壞了，如果再要壞下去，我也不想活了。」老父親的話，讓我突然一驚！我已經氣死了媽媽，再也不能失去爸爸了！就這樣，打消了計畫搶錢的念頭。

可是實在沒有事情可做呀！主要是不知道要做什麼，因為什麼都不會。想當初也沒好好念書，成天與自認為很要好的朋友鬼混，可現在這幫酒肉朋友，見我遇難全跑得無影無蹤了。

正好那時，村裡附近在新蓋廟宇，什麼都不會的我，只好去廟裡當雜工，一個月也可掙幾文錢。可是剛做了兩天，我就受不了了，一回家就跟父親吵：「我一個大少爺，怎麼做得了這個活？我不幹了。」父親聽了氣得狂打我，並說：「你若今天不去做，明天你一定會犯錯。」無奈之下硬著頭皮，只好跟著父親繼續去做。你知道嗎？剛開始出去做事時，鎮上的人一看到我就要打我。多虧廟裡的住持勸住了村民，並說：「你們打死他，也是一種罪過，不如用眼睛來看他，看他以後會不會改變。」三年蓋廟的日子真的很長，也很難過。但比這更難過的是，廟蓋起來但整個村裡的人都不去那裡拜拜，就是因為我去蓋過這個廟。看到我的人，不是瞪眼就是吐口水，人們的眼睛裡，充滿了鄙視我的眼光。

經過三年蓋廟，自己才開始覺得有些地方需要修正。廟蓋好後，住持留我在廟裡幹些雜務事，後來也接管廟裡的一些其他事，比如記記帳，保管香客捐贈的錢和物品。這樣又過了三、四年，不料，貪念又起，又犯了錯。這次被縣衙抓去，足足坐了十年牢。當時還很不服氣，認為自己才拿了這麼一點錢，就要坐上十年牢，真是覺得太冤了！在牢裡，捕頭見我不服，就對我講：「你知道嗎？你拿的是人家善男信女的錢，你不僅是貪財，還破壞了人們心中的美好信念，這是大罪過呀！」在牢裡十年，我還是不知徹底悔改。

四十多歲從牢裡出來後，回到家裡，外界更沒有人相信我了，還是廟裡的住持把我招去，對我說：「我再給你一次機會，如果這次還不能把你度化的話，我這個和尚就和你爸爸兩個一起去自殺。現在，你還是到我這裡來，念經文，管錢財。」爸爸在一旁，感動得直求菩薩：「我怎麼會生出劣根性這麼重的兒子啊……」自此之後，我開始慢慢醒悟悔改了。

現在想來，讓我真正悔改醒悟的還有我的兒子。那時我兒子已經二十歲出頭，在私塾裡當夫子，在那個時候是一件非常光宗耀祖的事。想想兒子這麼好，而自己卻是個貪財害人，又是進過牢房的父親，覺得真是沒臉見兒子。可是兒子卻不！他常常來看我，勸說我。有一次，兒子說：「爹爹，如果我生的兒子要像你一樣的話，那咱家不是變成偷拐蒙騙的世家了嗎？如果你希望我的孩子能抬頭挺胸的出去做人的話，那你就要改啊！你不改的話，我也沒法跟孩子講爺爺是個怎樣的人啊！」兒子除了勸說我之外，還經常關心我，若碰到有什麼事要做，兒子總會說：「爹爹我跟你一起做吧。」在兒子不斷地勸說關愛下，我真正開始改變了。

此後我就一直在濟南德源禪寺，盡職盡守的工作著，直到六十五歲往生。往生時，城隍爺說：「你的前半生做了偷拐蒙騙的事，念你後來有悔悟。現在，你願不願意回饋幫你悔悟的人，做個高層靈，幫世人去做功德。」我抱著贖罪的心情答應了，然後就跟著西藏財神去修煉。

財神金剛對我說：「幫助世人戒貪是我的功課，引導世人發正財是我的職責。所謂的正財就是用雙手去做或者用頭腦去賺取的金錢。偏財就是橫財、意外之財、不義之財、投機之財。但是，大部分的世人很少不貪，如何讓世人杜絕這個貪念，也是我要修煉的。」要我說，世人啊！拜佛之心不能成為一種依賴啊！在臺灣很多財神像裡的神靈說，有些求樂透、求數字，求不到偏財的世人，就會發洩怒氣，把神像丟進水溝，或者砍斷手腳丟進垃圾桶，這真是無知啊！要知道，財神是不會讓你去貪財的。

要問我們神靈是怎麼幫助世人的？一般來說，是儘量想辦法去影響求財的人。

比如你用銅幣求財卜卦，如果想求正財，就會得到你想要的那一面。如要求偏財，你就不會得到想要的那一面。其實一個人的財運，在你投胎轉世的時候，就已定了百分之六十，其餘的就看你後天如何去運轉了。有人會增加，有人會減少，這全看個人的運轉情況。記住，財運是隨著你的為人處世而滾動，有人說富不過三代，那是酸溜話，事實上有連續好幾代，五代、十代都有富的，這是一個如何教養下一代的問題。

還有人問：「有的人很老實，做事也很認真，但為什麼還是沒錢呢？」叫我說呀！這個人的處事，一定有缺點。不是無智慧，就是沒勇氣，或是有其他的障礙。碰到這樣的人，我們神靈就會去幫忙。

記得民國時期在濟南，有這麼一個婦人來廟裡求拜。她家裡很窮，好不容易擺了個賣滷味的小攤，想救濟家用。可是不知道為什麼，怎麼做都是沒有人潮，一天做不到兩個客人，換了十幾個地方也沒用。而全家的生活就寄望這個小攤了，還說：「到底是我東西不好，還是我不順?我現在要怎麼辦?這些擺攤資金都是跟人家借的，不做的話，又拿什麼去還錢呢!求求財神幫幫我，如果神靈都不幫我的話，我實在是無路可走了。」我聽了之後，就前去看了她的攤子。

當晚我進到她的夢裡，對她講：「擺攤做買賣，要想有客人，你不能板著臉孔不吆喝。還有你的孩子通通都坐在客桌上，你叫客人坐哪裡呢？」然後還告訴她：「把攤位再挪10公尺，挪到路角邊上，讓所有來來往往的人能看到你這個滷味攤。」

婦人隔天起來就說：「好像昨晚財神有托夢給我喔。」當天就照我說的，把攤車推到路角邊上，開始放膽去喊，吆喝了一個多鐘頭後，客人就來了，接下來客人也就越來越多了。所以我想說，做買賣的，不管是在街上，還是在店裡，你一定要對自己的東西有所瞭解和自信。有了自信，就會斬釘截鐵的跟客人介紹。做生意，既要有智慧，又要有勇氣，如果自己把要賣的東西，介紹得唯唯諾諾，模稜兩可，再加上面無表情的話，試想有誰要買你的東西呢？

對貪念比較大的生意人，我想講四個字：「量力而為。」有多少能力，就做多少事，沒有這個能力，想再多也是沒用的。就好比講，你想像王永慶那樣有錢，光想是沒用的，你要像王永慶那樣，有能力去做才有用，即使做了，也不一定會像王永慶那樣有錢。

每年都有各色各樣的人在拜財神，有人是拜一個心安、有人想靠拜財神發財、有人是別人拜我也拜。但不管怎麼拜，請記住，這絕對不能成為你的一種依賴。最後還是一句話，財運是隨著你的為人處世而滾動。

11 文殊菩薩

這是一尊文殊菩薩金銅像的神靈所說的。

我是蒙古女真族人，在蒙古四十九師，姓葉赫那拉，住的地方叫葉赫城。那時我家畜牧，有牛有羊，平時靠賣烤羊肉維生，就是烤整塊的羊肉。我們那時吃羊肉，一般人家是涮著吃，喝乳酪和小麥釀的酒。我們還吃用蕎麥做的窩窩頭，窩窩頭裡包的是羊肉餡，然後用炭火烤著吃，窩窩頭配乳酪是最平常的吃法。像城主就吃得好一點，能吃上米飯，因為米是很珍貴的，要從南方運過去，當時的米都要拿去朝貢的。魚很少吃得到，只有到過年的時候才有得吃，平時吃肉的多。

我們那個時候的女真人，每家每戶的男孩都習武。我師傅擅長教我騎馬射箭。

那個時候，幾乎整年都在打仗，就是整個女真部落的自相殘殺。我們那時的部落非常排漢，不准許與漢人通婚，也不學漢字，只學滿文。

我十二歲結婚，十三歲時有了第一個孩子。那個時候，我們稱女真部落的城主叫貝勒，我十三歲被徵召去參加打仗，就跟在貝勒身邊，當時規定每戶都要捐一個男孩出來參戰。

當初我們葉赫是以鐵騎而聞名，貝勒為了要稱王，就聯合附近擅長遊擊戰的圖倫，去攻撫順。當時撫順是由明朝一個李姓將軍把守著，明朝政府就用大炮來反擊我們的進攻，結果我們被打敗了，我就是死在那次戰役中。當年四十四歲。

城隍見到我說：「回顧你一生，平時不愛說狂話，待人平等，恪守軍紀。凡你領兵打仗，都會交代部屬不許對平民百姓搜刮掠奪，反而要求協助百姓恢復家園，並能盡力做好善後。」城隍本要派我其他位子，可我說這一輩子再也不想當什麼武將，已經厭了。覺得自己沒有讀過什麼書，想起之前太太在家有偷偷拜過中原神，所以就請城隍把我派在觀世音身邊，跟了文殊菩薩。

在文殊菩薩那裡，為了更好的修身養性，先必須去除身上的傲氣，為此念了六年的定心咒。在文殊菩薩身邊的十年，感覺自己變得比以前有氣質了，再也不會像以前那樣，凡事只要打一打就能解決的簡單想法，而是說要多用頭腦。跟著文殊菩薩修煉十年後，就被派駐進到這尊神像裡，那時是努爾哈赤後金元年（1616），供奉神像的廟宇在黑龍江附近。當時的廟，不叫喇嘛廟，是滿人蓋的廟，經咒寫的都是滿文。

清兵入關，此尊佛像也跟著來到中原。先到中原的寶雞，幾十年後又轉手，後又到臨淄。之後又到福建廈門，在廈門又轉了好幾手後，來了臺灣，在臺北的店裡五年多。

勸世人的話，不要自卑，不要好高騖遠，要說到做到，能做多少就說多少。

以下是採訪者與作者當時的一小段對話：

問：哦！他（指神靈）有1.8米高嗎？那你看他現在是什麼樣子？

答：頭髮就好像清朝人那麼長，穿那種又像袈裟又不是很像袈裟的衣服，身上掛著纓絡，裸露出胸膛，這是他被請下來時的穿著打扮。袈裟顏色是那種很舊的紅色，腳上穿著編織的草鞋。

問：你與他溝通，講的是什麼話？

答：講普通話，但腔調有點像外國人講國語。

問：你問他，到你這裡來，有沒有覺得舒服一點？
答：他說，隨緣啦！他把這當成是修道。
問：他還想去哪裡？
答：他說，還想去別的國家去看看。
問：他如果去美國的話，學英語要學多久？
答：他問你知道彌勒佛嗎？（見第1章之20）彌勒剛去英國時，一句話也聽不懂，後來日夜24小時的學了三個月。
問：咦？他怎麼會認識彌勒呢？
答：是到這裡才認識的，他們有一起吃過飯。
問：他會聽台語嗎？
答：會。

12 釋迦牟尼佛

本頁的神靈說：

我的姓名：夏虎，生於１９１４年，家住貴州南方約40華裡的地方叫平原村。哥哥叫夏獅，父親是水上人家，靠擺渡載人載貨維持生計。小時候我們常去附近清涼寺拜拜。

我結婚育有一子一女。平時的我性格安靜，雖說話語不多，但我能說到做到，給人有種安全感。我喜歡珍惜時間，準時做完該做的事。我往生於１９５３年的某一日。那天，由於天下大雨，造成河水暴漲，我們載人載貨的渡船，不幸翻船落水，全部身亡。

1980年在北京進駐到這尊神像裡，主人的太太經常會偷偷拜我。

我想要跟世人講的是：凡事不要斤斤計較，不要佔人便宜，少說話多做事，並要腳踏實地的做。

13 善化觀音

以下是觀音佛像敘述的。

我出生於清朝嘉慶七年，出生地是在福建福州。我本家姓湯，名俐婉。我家是從事布莊生意的，布莊的商號叫「金合益」，是由我祖父創辦的，主要經營布匹、麻匹和一般家庭用的窗簾等。

當時，在福州我家算是比較富有的商人，凡是從事布匹行業的人都知道我們家的商號。我家布莊的分店有五間，每個分店都各有一個掌櫃。除了分店之外，還有自己開辦的工廠，工廠裡有上百的工人。工人拿的酬勞方式是各不相同的，有的工人是以領錢的方式，而有的工人是以領幾斗米的方式。

我身邊有買來的丫環，花多少錢買的我不是很清楚。我弟弟的貼身下人也是買來的，花了大約一兩銀子。

我家的住房是屬於典型的閩式建築。走進我家，首先映入眼前的就是一個大廳，也就是所謂的前廳，再往裡走就是中堂，中堂後面即是後廳，東邊是東廂房，西邊是西廂房。大廳通常是我爸爸接待外客的地方，也是商談生意的地方。在大廳裡掛了一只很大而笨拙的鐘，是外國製造的，當時要買是很貴的。中堂就是接待重要的貴客，或者接待家族的親戚。中堂也可以說是我家禮尚往來的重要場所。後廳則是我爸爸、媽媽睡覺的地方。東廂房是弟弟睡覺的地方，西廂房是我睡覺的地方，廂房裡還各自有一個活動空間。其他還有一個膳堂，一個煮三餐的廚房，一個茶果房。在茶果房裡可以泡茶喝水、吃水果、吃點心及蜜餞之類的東西。我常喝碧螺春茶，因為我覺得和碧螺春茶相比，烏龍茶較清淡。

爸爸希望我和弟弟將來能繼承家業，平時，很重視對我和弟弟的教育。在我倆三歲的時候，爸爸就讓我們開始識字讀書了；四歲時，爸爸又會教我們一些數理知識：當我們到五、六歲的時候，爸爸就帶著我們去四處認識各種不同的木材；到了七、八歲，爸爸又帶我們去熟悉各種木材的樹皮。因為在當時，有的樹皮是做漿布的材料，布料經過上漿後，看起來就會挺挺的。所以，在那個年齡段，識別各種木材幾乎成了我們的必修課。到了十歲，爸爸才讓我和弟弟到鎮上的私塾去念書。

當時我們的生活習慣是早起早睡。我一般在早上四點鐘左右就起床了，起床後第一件事，就是梳妝打理。在我身邊有兩個丫環，一個丫環幫我梳理頭髮和裹腳。我很小的時候就開始裹腳了。那個時候的女孩子都要裹小腳，當時的人認為，女人的腳越小越漂亮，我的腳大約有十二、三公分長。另一個丫環幫我清理房間。在當時，女孩子走出閨房，一定要把自己打扮得漂漂亮亮，不能容貌不清，衣冠不整。

梳妝打理完後，我便來到廚房，去協助掌廚的長工，做一些早餐料理。把早餐準備好後，我就來到爸爸、媽媽的房前，給父母請安。待父母梳妝打理完之後，我隨他們一起到膳堂去吃早飯，這時應該是早上五、六點鐘了。

早餐我們通常吃荷葉包米飯，就是用荷葉包裹蒸出來的黃糙米飯。小菜一般有炒甜菜，蓮子燉湯，蔬菜湯等。那時，我們不吃雞爪（當時的人認為吃雞爪會給家裡帶來不幸）。在一星期裡，我們有兩三次的早餐是喝牛奶的。這在當時，一般家庭是沒有的，而我們家比較西洋化。吃完早餐後，我就去私塾念書，由我家的四位長工抬著轎子送我去。路上需要的時間，用現在的話講是一小時。我念的私塾是我們鄉鎮的一位舉人創辦的，這個學堂裡都是各種權貴的孩子，人數不超過十人。我記得我讀過《四書》、《五經》，還有什麼《大學》、《周易》，還有一本就是在那個時候每個女孩子都要讀的，叫《女兒經》，是屬於那種教導女人怎麼遵守婦道之類的書。

讀到中午就回家了。回家時，仍舊由我家的長工抬轎子來接我，我在回家的路上，有時會在外面吃些小吃，買些喜歡的零食。我最喜歡吃小米做的窩窩頭，就是那種在窩窩頭上撒點蘿蔔糖的（蘿蔔糖就是甜菜糖），感覺很好吃，三個銅板可以買一個窩窩頭（十個銅板為一吊錢）。在當時，有很多人都喜歡吃這種小吃，可能現在人會覺得很難吃吧！我生前還最喜歡吃粽子。紅糟肉餡心的糯米粽，外形是四四方方的。

回到家裡用中餐，我們家的中餐是很豐富的，雞鴨魚肉都有，最常吃的是煨湯。一頓中餐的菜，要上十六道。我家的飯桌特別大，整張桌子都擺滿了菜。吃飯上桌，要按照輩序來的，首先是我爸爸、媽媽，然後是我弟弟，再來就是我，待我們都吃完後，吃剩下的菜分給長工們吃。

下午，我們通常有午睡的習慣，一般睡到下午兩點的時候，就各自要忙自己的事情了。晚餐後，要再次向父母請安，方可回自己的閨房睡覺。那時應該是晚上八、九點鐘了。

我家由於做生意的緣故，因此常常會有一些宴席。宴客的菜一般由家裡的廚師做，菜也要比往常更豐盛些。宴客的酒，是我們自己家裡釀的米酒，如果來的是貴賓，我爸爸還會拿出洋酒來招待，那酒是紅紅的，聽說很貴。其實，我爸爸也不知道這是什麼酒，大概覺得它很新奇吧！

在當時，有錢人家的女孩子必須要學琴棋書畫，如果你不會這些的話，會被別人說你沒有教養。因此，我就在家學古箏。平時，女孩子一般都要待在家裡，不能隨便外出，只有在每月的農曆初一和十五，或者是在過年和節慶的時候，才會被允許走出家門趕廟會。也就是說，女子要做到大門不出，二門不邁。

我最大的樂趣，就是在初一、十五出門。那時侯，我就可以走出家門去逛街。這一天，我會很早起床，把自己梳妝打扮得漂漂亮亮，衣服穿得整整潔潔，並且把自己包裹得緊緊的，只有露出一個臉，然後就帶著丫環和長工，早早地走出家門。

在逛街時，我喜歡買些小東西，最喜歡買的是首飾，金的或玉的首飾只要我喜歡都會買，但我爸爸最希望我買的是珍珠首飾，因為那時，戴珍珠首飾是有錢人的象徵。

我們那個年代有很多生活用品和現在是不一樣的。就洗澡來說，沒有像現在這樣有浴室和沐浴乳。我們洗澡，就是在自己的閨房裡，放上一隻大木桶，由下人先把水燒熱倒進木桶裡，然後人就坐在木桶裡洗。當時是沒有沐浴乳或肥皂之類的，我們是用茶葉塊來洗身子的。這種茶葉塊是用泡過的茶葉放在地上攤開後曬乾，再把曬乾的茶葉壓製成一塊一塊的，把這當作清洗身子的肥皂。

我們洗頭髮時，如果頭髮不是很髒，那就用清水洗。如果頭髮有一點髒，那我們會用一種黑黑的無患籽來洗。那種籽，放在手裡一搓就會產生泡沫，可以用來洗頭髮。我們女孩子當時用的化妝品，都是用植物的，比如塗指甲，就是把葉片摘下來，放在指甲上擦。

我小時候對什麼事都很好奇，而且很頑皮。在我們那個年代，生意人都很注重牌匾的，把它高高地掛在大門上，一般不輕易拿下來。記得有一次，我突然對我家的商號木匾產生了興趣，想看看這塊匾到底有什麼奧秘。於是，就以小姐的姿態命令長工把它卸下來。當這塊匾卸下來後，我橫看豎看也沒看出什麼奧秘。就覺得奇怪，為什麼眾人會把這塊匾當成無價之寶呢？我不死心，想看看匾裡面有沒有什麼奧秘。於是，又命令長工拿斧頭來，用斧頭在這塊匾的後面又割又砍的。當我研究完，發現這塊匾實在是沒有什麼奧秘後，又命令長工掛上去。可是，這匾卸下來容易，掛上去就難了，因為匾很重，掛的位置又高，長工們不僅沒有把匾掛好，人也摔下來了。這事情被我爸爸知道了，那可不得了！結果我被爸爸打得半死。

現在，這塊匾還在福州呢。不過已經搬了很多地方。那是在我若干年前，（神靈）去福州遊玩，當時，我並沒想去找自己的家，但是在路過一個地方時，不經意地看到了這塊匾，乍看之下覺得好眼熟，後來再看背面，有我當年用斧頭砍過的痕跡，這才想起那是我家的商號木匾。

在我十五歲的時候，由父母做主訂親了。男方家也是經商的，男方長什麼樣子，我根本不知道。除了我爸爸外，我從沒正眼看過其他的男子，更不要說去攙男子的手了。在當時的社會裡，孩子的婚姻都是由父母做主，父母之命是不能違抗的，尤其是我們女孩子，除了遵守父母之命以外，還必須遵守婦道規矩。

嘉慶二十六年的秋天，我父親帶著我和家裡的兩個長工，在坐船前往廈門做生意途中，發生了船難事件。記得當時，我們上船不久，就遇上了大潮汐，眼看船就要沉沒了。我馬上去把船上的備用小船放下來，並叫醒船上睡覺的人，人們紛紛上了小船，那時，我爸和一個長工也準備上小船。由於小船太小，我和另一個長工沒法上船，只好隨著那艘船一起沉了下去。往生的那年我才十九歲。

往生後，我一直跟在觀音菩薩的身邊，觀音菩薩說我的穩定性不夠，要我練定心。於是，我每天一早起來挑水、砍柴，然後協助觀音處理一些事務性的事情，比如說，今天有哪位要入仙班了，我就要幫他編排登記。因為這些都是很瑣碎的事情，如果定心不夠的話，做久了，很容易會心浮氣躁，所以觀音菩薩就以這些瑣碎的雜事，來訓練我的定心。觀音菩薩還用一種面壁坐觀的方法，來訓練我的定心，就是讓你待在一個環境裡，二、三十天閉門不出。在這六年時間裡，我就是這樣在練定心，從來沒有念經或看經書。六年後，我下凡成了仙道，才有機會開始念經。

我的第一位主人是位農民，他是一位觀念很傳統的人。由於他的小孩體弱多病，為了祈求神靈保佑小孩，於是他就抱著這尊佛像，來到京城的一個寺廟裡開光。我就是這樣被請進了這尊佛像裡。當時的習俗是新開光的佛像，不能馬上捧回家供奉，必須留在寺廟裡受鎮壓。於是，主人就把我這尊佛像留在廟裡。七七四十九天，我在寺廟天天聽經、誦經。

這尊佛像是福建的德化瓷，是那位農民的弟弟去福建時買的。但是我入住這尊佛像時，也不知道它的產地，直到幾年後，我才知道是福建德化瓷。

隨著時間的流失，這尊佛像幾經易主，於前年流到臺灣的一個玉市場。當時佛像沾著滿身泥巴，感覺真是很難受，就好比有東西沾在人身上那樣的不舒服。對我們每一尊佛像來說，都希望人們把我們弄得乾乾淨淨，否則我們會覺得像被遺棄似的，很不舒服。

我在世的時候，我爸爸就教導我，從商重商道，為婦守婦道，言行要謹嚴。這也是我的人生信念。

14 鐵拐李

以下是鐵拐李神像所說的。

我是民國10年（1921）出生在宜蘭礁溪，住在山裡的達悟族人。聽父母說，我們原先住蘭嶼那邊，因為那邊的生活不是很好過，所以一族人就來到本島生活，看看是不是會好過一點。

我們家住在比較山區的礁溪。當時過的生活就像土人那般。比如，平地人煮菜要用灶，可是，我們是用炭火支架鍋來煮菜。平時，哥哥負責去山上打一些鳥啊及野豬之類的東西。我呢，就把這些東西送到山下我家的小攤子去賣，全家就靠小攤子賣獵物過活。那時，要能夠賺到真正的錢，是很了不起的，因為一般都是用我家的肉去換你家的青菜，很少看到真正的錢。媽媽和姐姐則在家裡弄一些細活。記得我家最常吃的是山豬肉和野菜，我雖然是原住民，但並不愛喝酒，因為我覺得喝酒會誤事。

我沒有念過書，也不認識字，只會講一點點平地話。

那時我們住在山裡的人，出門最遠的地方就是山下，稍微往平地挪一點，就會遭人又趕又罵。當時對這種被欺負的狀況，我只會笑笑，不會生氣，心想，這一定是他們還不瞭解我們。後來慢慢的，我有了朋友，並且還跟漢人做了朋友，他們經常會去我家小攤買東西。

十七、八歲（1939）的那年，正好發生了第二次世界大戰。隨後的戰亂時期，幾乎天天看到路邊有屍體，這當中有原住民，還有漢人。每次看到，我都會不忍心，一定會找個地方，把屍體埋起來。說起這個，我的太太，就是我媽在路邊撿回來的。

那天，媽媽去山上砍柴，看到有個小女孩在哭，原來，小女孩的父母已經在路邊死去，從身上穿的衣服看起來，像是平地人，媽媽不忍心，就把這小女孩帶回了家。小女孩在我家長大以後，媽媽讓她在我和哥哥之間選一個做丈夫，結果女孩選擇了我。在16歲那年，我就與她結了婚。

從小父母就教育我們，不要以家窮而自卑自棄，做人要有自信。說我們家過的日子不算苦，只要每天笑笑就過去了。還說：「即使有再大的難事，也都抵不過笑一笑。」記得有一次，家裡沒米了，我問媽媽怎麼辦？媽媽笑笑說：「沒米有蕃薯，沒蕃薯還有蕃薯葉。」我說：「如果通通都沒有了，要怎麼辦呢？」媽媽伸出雙手說：「只要有雙萬能的手，什麼都會有。」

在媽媽的影響下，我快樂的生活著。民國58（1969）年，因媽媽煮菜不慎，引起家裡火災而過世。過世後，我被城隍爺派去跟釋迦牟尼佛學經。而後還跟文昌君學寫字。修煉了一段時間後，到了民國66年（1977）在臺北的土城，進到了這尊神像裡。

沒想到一開始供奉我的那戶主人家庭教育有問題，主人父母的思想嚴重影響到下一代。我曾經想教化他，但是沒有辦法，因主人的好逸惡勞觀念，已經根深蒂固了。兩年裡，主人從一開始問我「大家樂」號碼，一直到以後的幾次求財，都未如願，因為我沒有這個道行啊。主人一氣之下，就把我丟進了資源回收站。

在資源回收站裡，有人看到這尊蠻漂亮的神像，就帶回了家，三、四年後，就把我這尊神像，帶到了古玩市場的古董店裡，結果被現在的主人買回家了。主人問了我以上的情況後，還問我要不要把我送回宜蘭，再帶到我孫子那邊？因為我兒子已死，孫子在加拿大。我告訴主人，我們遵守的是菩薩道，一切隨緣啦！

15 財神錯入唐卡的無量壽佛像

唐卡都有連貫性的故事，這個是壇城圖，壇城是指佛的宮殿，是佛和眾神所住的地方。宮殿的外面有城牆、水牆、火牆、蓮花牆，還有護法及蓮花神像。它們層層相套，主要是護佑正中間的主神。

這是張很有趣的壇城唐卡，正中間的主尊，畫的是無量壽佛。但是神靈說：「我是財神。」奇怪，到底是怎麼一回事呢?請聽神靈說。

好幾百年前的有一天，在西藏日喀則的拉噠寺廟裡，正在舉行藏傳的開光儀式。有好幾十張唐卡放在一起請神。不知怎麼搞的，僧師在請神念咒語時，一句念錯，就讓我進錯了地方。那天開光的一批唐卡，有很多神靈都變得張冠李戴。我被請進了無量壽佛金身像。而我的仙界朋友也是財神，卻被請進釋迦牟尼佛的金身像。不過，還算慶幸，我們只是進錯了金身像。不像有的神靈被請下來，開光不順，連眼睛也沒打開，被定住在神像裡，既動不了，也看不見，所以，我們神靈最怕半桶水的僧師開光。

我被請進這張唐卡以後，就一直被掛在寺廟的牆壁上，這個寺廟在當時還算是有規模的，當地有很多人去參拜。隨著時間的過去，寺廟的牆壁開始剝落，唐卡部分地方有點分離，有的地方都磨損了。大概在清朝嘉慶年間，寺廟進行重修，牆壁重新補過。也就在那時，一些唐卡的背面，也被重新塗了一層牛膠。想當初，我剛進這張唐卡的時候，色彩真的是很漂亮哦！現在唐卡的背面雖然顏色已經變黑，但我還是可以看到裡面原來的顏色，還是白白的。

我是財神，我的任務是幫助世人戒貪發正財。

16 小金唐卡—綠度母

這是一尊金唐卡綠度母菩薩。她在2006年7月21日告訴我。

我是萬曆十五年（1587）出生在外蒙古（現今的黑龍江），姓富察氏，是少數民族，當時我們全家住在現今的黑龍江省甯安沙欄鎮上。父親在鎮上開設私塾，傳授四書、五經、周禮及識漢字、習滿文等等。對我們小孩，父親也教授一切的知識道理。母親是一般家庭主婦，在家做女紅、織草蓆及照料一家生活起居。

在當時的封建傳統下，女子必須遵守「在家從父，出嫁從夫」的傳統思想，子女的婚姻須由父母作決定。在我13歲那年，聽從父母及媒人的安排，嫁給了第一任丈夫李二。

李二是個在鎮上賣涮羊肉和烤肉的生意人，我和他著實過了幾年快樂的日子。但是好景不長。因李二耳根子軟，聽信了壞朋友的話，跑去賭博，結果輸了很多錢，甚至賣了房子、賣地都不夠賠。最後這個李二，竟以30兩銀子把我賣給了地下錢莊的老板（也就是後來做了我的第二任丈夫），並簽下了賣身契約。當時我心中真是千萬個不願意，但也無法，只能聽從命運的安排。

第二任丈夫是滿人家族，姓「他他」。他本來就是一個整天在外跟人打打殺殺，這兒討債，那兒要錢的人。當地所有的人都知道，我是被他買來的，因為這樣，我覺得日子非常難過，難過得我幾乎連娘家都不願回去。跟他生活的八年裡，我先後生了兩個兒子，大的叫雨凡，小的叫雨奇。雨凡，比較沉穩；雨奇，活潑好動。八年後的一天，第二任丈夫在外因為討債不成，引起打鬥，最後被人殺死。

當時外蒙滿人有個規矩，就是死了丈夫的女人，如果丈夫有兄弟的話，就要嫁給丈夫的兄弟。在當時的社會環境下，即使自己心裡有千萬個不甘願也無可奈何，只得屈服於規矩，嫁給了第二任丈夫的弟弟。

所嫁的第三任丈夫是個在街頭賣胭脂水粉的。我很慶幸，雖然生活過得不是很富裕，但是三餐能糊飽。最主要的是，第三任老公是真心真意地愛我，對我跟他哥哥所生的兩個孩子也視如己出，全家日子過得還算是幸福的，所以我也就沒有什麼好再怨恨的。

記得大兒子十三歲的那年問我：「娘啊，你這一生曲曲折折的，你有所怨恨嗎？」我想了想說：「有啊！我所怨恨的是，自己無法改變當時的傳統舊思想，怨恨女人沒有自主權。」兒子的提問，讓我萌發了一個念頭，就是女人要自強，就一定要有自己的想法。想我在娘家也有受過蠻高的教育，詩詞書畫雖不敢說精通，但也粗略懂得。想起當時父親給我的種種教育，我豁然開朗，意識到女生也有受教育的權利和義務。

於是，我不管外面人怎麼想，也不管丈夫如何反對，在街坊開了一間小小的私塾，專門教一些沒錢人家的子女，不管男女，通通一律平等。我教他（她）們讀書、識字、學周禮、背唐詩，並且還教漢字。這樣的生活一直持續到去世。

過世後，城隍爺召見了我。我告訴城隍，我這一生經過了許多風風雨雨。有嫁了第一任愛賭的丈夫，又嫁過第二任打打殺殺也是賭性成癮的丈夫，直到嫁給第三任雖不富，但卻疼我、愛我、寵我的丈夫，才得到了幸福。在此，我沒有任何的怨言，卻要感謝他們，因為是他們教我懂得了人生。

我的法號是文殊師利，成道於清聖祖期間，也就是清朝康熙（1662～1722）年間。在康熙7年（1668）進入到這張唐卡裡，入神地方在熱河承德，是親王府的一位福晉供奉的，在那待了大概二三十年之久，以後便開始輾轉，過著被人輪流供奉著的生活。

我要告訴世人的就是：「人啊！只要認準對的事，就要去做。不必在乎外界怎麼想。」

如果失敗了也沒關係，拍拍身上的塵土，繼續下去，相信總有一天會成功。還有凡事要看開一點，碰到別人責罵你就把它當作一個啟示，遇到別人稱讚你，也不要高傲。開朗、認真地過好每一天。

17 四臂觀音

這是彩繪唐卡中的四臂觀音自述。

我是康熙（1662～1722）時期的人，乾隆（1736～1795）時期才進到這張唐卡裡。我的家鄉是廣東梅縣，住在梅鎮冉家胡同，我姓冉，名字是毛下面加四點「毹」，念「蔡」音。記得那時我家附近是縣衙，爸爸媽媽是梅縣的養豬大戶，生活還算小康。我雖說是女孩，但還是有念書，就是請夫子到家來教的那種。十三歲結婚嫁到夫家，丈夫家裡除了做竹子教鞭之外，還兼做一些編蓆子和簑衣的活。我是五十八歲那年，因得肺癆而往生。往生時，被城隍派到觀音菩薩身邊修煉。我記得被請進唐卡時，是在青藏高原的寺廟裡。

回顧我在世的一生，真是酸甜苦辣樣樣都有。那個年代，男人三妻四妾是很正常的事，可是我接受不了，就是想要一夫一妻。結果，在我結婚的第二年，就被老公休了回娘家，那時我肚裡正懷著老大，回到娘家，我要求父母，同意我自己撫養孩子。在娘家，足足過了六年抬不起頭，被人瞧不起的生活。

丈夫休了我之後，又娶了一位太太。六年後，那太太死了，丈夫又想到了我，前來把我請回去。回去之後，才知道那太太生前留下了六個小孩子。

記得剛到夫家的那天晚上，看到第二個太太留下的小孩，我心裡很不是滋味，感覺自己被騙了，真是走也不是，留也不是，於是就和丈夫大吵起來。正與丈夫吵得不可開交時，沒想到第二位太太生的幾個孩子，敲著房門哭喊道：「大娘，大娘，求求你，別再跟爹吵了。我們已經沒娘了，你就是我們的親娘。你千萬不能走，你走了，我們這幾個怎麼辦呀？」當時聽到這哭喊聲，我的心好酸，那麼小的孩子，怎麼這麼懂事啊！看在孩子的份上，我也不再忍心吵著要離開了。後來，我自己又生了四男二女，加上那太太生的六個孩子，總共有了十三個孩子。沒想到，那幾個孩子，還真把我當作自己的親娘一樣。而我，也把那幾個孩子，視如己出的一樣去愛。

古人有句話「愛人者，人恆愛之。敬人者，人恆敬之。」這句話讓我感觸很深，我發誓要做這樣的人。我在照顧好先生的同時，更是盡心盡意地撫育孩子，久而久之，我覺得整個家庭，越來越需要我了，同樣，我也越來越離不開這個家了。記得在我要離開人世時，所有愛我和我愛的人，都依依不捨的圍在我病床前。那一刻，我覺得自己好滿足喔。是啊！人生不就是圖個團圓美滿嗎？

城隍派我到觀音菩薩身邊修煉時，跟我這樣說：「你對家人的好和包括對別人的好，都已經超越了一般愛的界限。」我說這全要感謝那句話：「愛人者，人恆愛之。敬人者，人恆敬之。」

18 金唐卡—四臂觀音

以下是四臂觀音金唐卡裡的神靈所敘述的。

我的名字尤林伴，福建惠安人，出身於清朝咸豐6年（1856）正月。在漁村長大，父親捕魚，我從小就以挽紗、織布為工作。

結婚嫁到泉州，丈夫叫方柑雄，做漁產加工醃製。丈夫有兩個哥哥，大哥作加工，二哥負責販賣。嫁到夫家後，我這一生可以說全部奉獻給了這個家，對婆婆也一直視如自己的親生母親。20歲那年，婆婆去世後不久，丈夫的大哥出海翻船溺死。大哥過世三年後的某一天，丈夫的二哥載漁貨出門時，又不幸被牛車撞死。從此三家人的家計生活，全落在丈夫和我的身上。

清末戰亂時，我丈夫把漁貨賣給外國軍隊，因為收不到貨款，氣得自殺身亡，當時年僅30歲。從此，扶養留下的3個孩子和3個家庭重擔，全落在了我的肩上。無奈的我，只得在泉州街上以賣魚、賣菜為生，為這個家庭，操勞一生。

1898年我42歲，我開始患上肺炎，不停的咳嗽。最後一直咳到臥床不起，往生於光緒29年（1903）。往生後，追隨觀世音菩薩，因為生前不識字，菩薩就開始先教我識字，再背誦經文，理解意思。最後經過觀世音的面試通過後，才進入唐卡。

進入唐卡時是在陝西，是一戶藏族人家。這張唐卡在第1個主人手上時，因為家中沒錢，在1931年民國20年時，主人把唐卡和家中的佛像一起拿到當鋪典當，因無錢贖回，隨後變成流當品，一直傳賣至今。

希望世人都要有向善之心，現代人太計較得失，有時惡言惡語相向並不好。儘量存善心，做善事。

19 彌勒再寫春聯

那天是2007年2月17日除夕，一大早彌勒就來我家，「哎！秀慈你肩膀的傷好了沒有？」我說：「快好了，只是筋骨還有點痛。」「那可不可以騎摩托車呀？」我說：「可以啦！寫字都還好。」他說：「那這樣我們今天再來寫春聯吧！」

（他叫我秀慈，因為我本來的名字，對我來說不好，可是我爸媽又不同意我再去改名，所以就叫我這個偏名。）那天一大早，我本來就要去準備買拜拜的東西，就這樣彌勒跟我一同去採買。我們先去文具店買春聯紙，文具店有裁好的春聯紙，三張一卷，我們買了兩卷，然後買了兩張紅紙，還買了兩張有圖案的紅紙，準備買回家自己裁。

買了春聯紙後，我對彌勒說：「去年買的文具還在，今年不用買了吧？」誰知他說道：「你那個材質很差！」我問：「那怎麼辦？」這邊的文具店又沒有零賣毛筆的，要買都是整套大楷、中楷、小楷，沒有賣單枝的啊！最後，我們還是花了五百元買了一盒。買完後，我們就去菜市場，我要買年菜。

回家後，我放下東西，就急著先要把家裡整理一下，然後我才有心情讓彌勒附我身體寫春聯，要不然，我就覺得好像有什麼事情沒有做完一樣。等到我忙完一切後，已經是下午2點多了，然後才準備寫春聯。彌勒讓我先幫他裁紙，用一把尺壓著，然後就這麼裁，裁好後，就叫我坐在籐椅上（可以三個人坐的籐椅），沒叫我磨墨，接著我就什麼都不知道了。

等我醒來，已經下午三點多了。醒來時，春聯已經寫好，晾在一邊。我記得當時桌子上是整理乾淨的，醒來後卻發覺桌子上墊著報紙，桌子旁邊晾著春聯，那枝寫春聯的毛筆已經裂掉，放在桌子前面。我手上有墨汁，還發現自己是盤腿坐著。因為彌勒沒附我身的時候，我是一般的坐姿。接著發現，彌勒還順便把我要拜拜的花都插到花瓶裡了。我記得花買回來時，我先養水放在供桌上。彌勒不但幫我插好了花，還把東西都放整齊了，之前我放的位置都不是很正，彌勒都重新調整了。

彌勒還跟我說：「用我這種身體寫字，實在是差很多。」我問：「怎麼個差法？」他說：「第一我腕力還不夠，然後女孩子的骨架小，還有就是丹田比較沒力。」還吩咐我，那幾張是要給誰的，並說給C的已經捲起來了，叫我不要拆開，他是用硬硬的捲保鮮膜的紙筒捲好的，叫我就這麼寄，那副是先寫好的。

鴻圖大展年年春
生意興隆日澤長
嘉賓雲集聲名廣
招財進寶

三·請教獅吼觀音菩薩的談話記錄——

獅吼觀音菩薩

獅吼觀音菩薩像

這是2006年8、9月間，有幾次透過秀慈女士，請教獅吼觀音菩薩的對談記錄。由採訪者提問，透過秀慈女士問獅吼觀音，再由獅吼觀音回答。以下的回答並沒有很明確的主題，想到什麼?問什麼，就這樣一直問下去。

一、人死靈魂何處去?

問：人死後，靈魂會到哪裡去?

答：比如說，今天這個人在醫院裡面，要走了。就在靈魂出竅時候，一般會由這個將死的人的家族中去世的長者，先來迎接，然後再由黑白無常送你去陰間的判官那裡。

問：陰間判官是什麼？

答：就是送到陽間裡說的廟，靈魂被引領過去後，就會告訴你是幾月幾號幾時往生的。接下來就是被引領到城隍那裡去接受審判。在那裡等城隍，也許等一個時辰，或許二個時辰。

問：在等的這一、二個時辰裡，會是一個什麼狀況？

答：接你的黑白無常（陰差），讓你排隊等城隍審判。

問：在哪裡等？

答：在城隍門外等。

問：城隍？是不是每個市鎮或鄉都有一個城隍？

答：城隍分佈是很密的，不管臺灣或者中國的什麼地方來講，都是一樣的。

問：這樣說來城隍有成千上百個？一般是怎麼判的？

答：是，很多。做壞事會給你一個處罰，處罰的輕重就看你做壞事的程度。

問：最壞的處罰是什麼？

答：是關你二、三百年吧。

問：關在哪裡？

答：以情節的輕重，關在第一層到第十八層內。

問：據說人死後有個中陰界，就是七七四十九天之內的靈魂，還沒有完全離開人世。有這回事嗎？

答：最多只有七天，哪有七七四十九天？

問：七天裡往生的靈魂是什麼樣子？

答：判了之後的七天這段時間裡，你想見什麼親人，想要去幹什麼，都會讓你去。但是時間一到，你必須要回來，你不回來的話就會去抓你。

問：如果判官判你去轉世，那麼等轉世的這一段期間，靈魂在哪裡？做什麼事情？

答：先在自己家裡自由活動。如果說你被判七年後轉世，過了六年半，就會通知你去註生娘娘那裡排隊，等候出世。

問：那一般來講，靈魂會在自家的牌位裡面嗎？

答：是，如果沒有什麼變化的話，大部分時間都在那裡。

問：那會不會在墳墓裡面？

答：也是有的。就看你是什麼儀式的葬禮。比如火葬儀式就在佛塔裡。

問：如果把牌位請回來，靈魂就在牌位裡嗎？

答：對啊！

問：那是基督徒的話，要怎麼辦呢？

答：基督徒，這只是心中一個信仰而已。到了那邊，一概統一。

問：基督徒沒有牌位，那他們的靈魂是在墓園那邊，還是回到家裡？

答：在陰間判的時候，會問你要在哪裡。除非碰到是個外國人，他有要回家的習俗，一般都在墓地那邊。

問：如果一個美國人在臺灣死掉呢？

答：那要看他被葬在哪裡啊。

問：如果是葬在臺灣的話，那他的靈魂就在臺灣嗎？

答：對。

問：如果是沉船海難呢？

答：如果連人骨頭都找不到的那種，就要用所謂的特殊處理方法。那就看他生前是哪種狀況，陰司判官一樣判。

問：聽說二次世界大戰時的日本兵在臺灣死掉，靈魂沒有回去。那是怎麼一回事？

答：在陰間也會有作業疏失吧。比如說戰爭時間死了太多的人。一下子處理不了，就留在臺灣。

問：如果被判了下地獄的人，是要馬上關嗎？

答：就是馬上要送去關啊。

問：有沒有七天的時間呢？

答：那些通常是無惡不作的，出去了萬一找不到也是挺麻煩的。

問：那要關多久呢？

答：以情節輕重來判的。

問：那關了以後，還可以回到人道來轉世嗎？

答：可以，但是要經過一些程序。

問：自殺死的人會怎麼樣？

答：如果你今天陽壽未盡意外死亡的話，就會去另外一個特殊的地方，叫枉死城。

問：這個怎麼講？就是說，命是註定的，但不一定照這個走。是嗎？

答：就是說，三分靠註定，七分靠自己。

問：不是百分之百天命註定嗎？

答：就好比講某某人應該活到九十歲，可是他活到六十歲就去世了。看看是什麼原因，如果是這個人平時隨便胡亂吃東西，不小心得了胃癌，沒有好好地愛惜身體而死了，那好吧，去枉死城再逛三十年。

問：這個比例高嗎？

答：高啊，有意外啦！自殺啦！

問：那邊是怎麼處置呢？

答：舉個例子：假設你今天是跳樓自殺的，那就會讓你一直重複經歷當時跳樓的景象，也算是一種懲罰。

問：那要經歷多久呢？

答：就看你應該是什麼時候正常的壽終正寢為止。這也是藉此來勸人，要愛惜自己的生命，不要胡來。

問：那就是說，本來要活到五十歲的人，你二十歲死掉了，還要在枉死城過三十年對嗎？

答：三十年後出來，還要到城隍那裡去接受二度審判。看你有沒有改過啦，有沒有新的思維出來。如果說沒有的話，那第一層、第二層、第三層……第十八層都有可能會去的。那種制度就類似於人類的監獄制度。所以說最好是諸惡莫做和尊重自己的生命。

問：聽說有的靈或惡鬼會害人，有這回事嗎？

答：有啊！這就是說那些刑事案件，就是說無緣無故把一個人殺了，被殺的人心裡當然有怨氣啦！那樣的靈有時會選擇原諒對方，但也有的說不行，一定要找到殺我的那個人，我要去報復。

問：那就是說，死掉的人有怨恨，他就會在死的附近徘徊。那他會去報復什麼樣的人呢？

答：絕大部分會留在當時兇殺現場或者死亡的地方，找當時害他的人進行報復。

問：那怎麼去報復呢？

答：守在那個原來的地方等待。用意念去影響，慢慢地讓害人者身體變差。或者讓他做夢，讓他精神恍惚。

問：其實一般的人沒有做壞事就不必怕鬼是不是？

答：根本就不用怕。只要你不做壞事，鬼就不會來找你。對一般的世人來講可能看不到靈。但你往好的方向去做，不去害人，不去侵犯別人，別人就不會來侵犯你。凡事和氣一點、客氣一點總是好的。

問：做墓地，有風水嗎？

答：有。一般只要求通風乾燥乾淨即可，不要有濕氣浸水。

問：在往生世界中有人道、天道，那有沒有其他道呢？比如說畜道？

答：有仙道、人道、一到十八層地獄，十八層以外是畜牲道。

問：有人死後，把骨灰灑了，沒有墓地、沒有靈牌。如果城隍判他歸人道，那他的靈魂會待在哪裡呢？

答：待在他喜歡的地方。

問：在人間有佛教、基督教等，那在陰間有沒有各種教派呢？

答：東方歸東方，西方歸西方。

問：在人間是個無惡不作的人，被陰間判到地獄去，關了出來後，他又進入到哪一道呢?是人道還是其他道?

答:歸人道轉世。

二、六道輪迴裡的天道是怎麼回事?

問:人們都說佛教裡面有六道輪迴,其中一個是人道,一個是天道。如果在人道的話,是等待輪迴轉世。那麼在天道呢?

答:天道就是所謂成仙的樣子。

問:佛經裡面有寫,說在天道的過了好幾年之後,還會回人道經過輪迴,是真的嗎?

答:那裡的制度是,如果要回人道的話,是需要經過一番程序的,類似人間的一級一級往上申請。申請能不能過,那是另外的事情了。

問:如果進入仙道修煉,要修煉到什麼程度,才能被派到神像裡?有沒有一直沒有被派下來的呢?

答:修煉到菩薩說可以了,就會被派下來。這事由二郎神管。

問：請問，你（獅吼觀音）之前往生的時候，是進入哪一個道呢？

答：是仙道。

問：進了仙道後，要做什麼呢？

答：剛開始要念經文，先要把心靈淨化。然後就是集訓之類的。

問：那會是哪個菩薩來訓練呢？

答：都有。先是觀世音菩薩，然後就是如來、釋迦牟尼，還有宗喀巴等。在那邊不分什麼密宗之類的。

問：你（獅吼觀音）之前在那邊修煉了多久，才被派下來的？

答：有五年。

問：那被請下來時，是誰指定你進到這尊佛像裡面？

答：當初來告知的是二郎神。也就是說，人間在請神的時候，看這邊排到了誰，就派誰下去。

問：神靈可以從這邊到英國或美國去嗎？

答：這就如同國有國界一樣，東方要到西方去，必須要跟二郎神做批准才能去。

問：二郎神，在靈界是管什麼的？

答：類似有點像人世間的行政管理。仙界一些神靈，凡要下來入神的，都由二郎神統籌安排。如有排到，就由二郎神通知神靈，告知今天幾點幾分，你要下凡入神像。

問：那是二郎神自己決定，還是上面的人告訴他？

答：先由觀世音通知二郎神，這個仙修行可以了。然後再由二郎神去統籌安排，看怎麼樣做比較順利。如果要去西方或是哪裡的話，都要跟二郎神講。同樣西方神要來東方，也要經過二郎神。這就好像類似出國旅遊一樣，都要經過出入境管理。

問：那些成仙的神靈，在沒有來到神像裡之前，是不是在那邊聽道？

答：對啊。成道的仙靈，也會遇到一些瓶頸。那時，他們就會諮詢比較高層次的佛，比如說如來本尊、菩薩本尊等等。

問：如果外國人往生了，也會經過那邊的陰判嗎？如果變成仙人，也會進入到神像裡面嗎？

答：對啊，西方體制也是這樣的。

問：會不會進到耶穌神像裡？

答：外國沒有像中國這樣的神像，有壁畫。

問：所以說在教堂或家裡的一些畫像裡面，也會有神靈嗎？

答：那就要看有沒有經過祈禱儀式。

問：有的神靈在觀音像裡面，有的在羅漢像裡面，有的在釋迦牟尼佛神像裡面，這個是誰指定或派遣的？

答：是這樣的，當城隍看了此人的一世生平後，會有幾個方向讓其選擇。

問：如果今天做請彌勒的開光儀式，那就是有彌勒隊排到的神靈進來，是這樣嗎？

答：對。

問：那進來多久才可以回去呢？

答：開光點眼之後，就要先回去報告，說我已經到了某某尊神像裡。

問：這是一種手續嗎？

答：對。

問：永遠會在神像裡面嗎？

答：除非這個神像回收或被火燒了，那就會退出來。

問：那回去以後還要排隊嗎？

答：要重新來過，再排隊。

問：開光進到神像之後的任務，就是保護供奉神像的主人，並教化主人是嗎？

答：對。也就是想使這個國家整個社會祥和一點，安喜一點。

問：如果碰到主人每天賭博、做壞事，或者要殺人，怎麼辦呢？

答：那種情況也是有的。會儘量用意念去影響主人。因為主人好壞程度，是上面考核神靈的依據。當這個主人去世，或者神像被轉到其他地方去了，那就會對神靈有個結算。所以說，主人變好一點，神靈就能記個紅點之類的。如果主人沒變好的話，那就會被降級。

問：影響主人的方法就是托夢的方式而已嗎？

答：除了托夢，還有引導。就是當人們心境安靜下來的時候會用意念去引導。

問：我們所說「日有所思，夜有所夢」，平時做夢是不是都是諸神托夢給我們？怎樣區分呢？

答：非常清楚明確的是托夢，反之模糊的就不是。

問：如果說這個佛像已經開過光了，法師不知道，再次開光會怎麼樣？

答：那佛像裡的神靈會跟上面講，這裡已經有神了，只是凡人不知道，免得重複。

問：但是法師還是不知道，照做那會無效嗎？

答：是無效的。我們神靈最怕的是，碰到那種半桶水的開光師父。請神咒是念對了，神仙下來了，可是師父卻不會開光點眼。

問：那被請下來的神，沒有開光點眼會怎麼樣？

答：就會被定在神像裡，封在裡面出也出不去。

問：現在可不可以請獅吼菩薩的講講他的簡單經歷。

答：不想講了。想起來心就痛。我就是屬於那種被請下來，沒有開光點眼的，過了幾百年之後，靠了現在的主人幫我開光點眼的。

問：獅吼菩薩是元朝人嗎？

答：是元朝至元（1271～1368）進去的宋朝人。

問：元朝有兩個至元，是前面的至元，還是後面的至元？

答：是比較前面的至元。

問：是哪裡人？

答：下回說吧，現在沒有心情。

問：我把獅吼菩薩講的話，放在書上沒有問題吧？

答：沒有關係。要問我（獅吼觀音）以前的事，現在限於心情不好比較不想講。

問：我的意思，是想把獅吼菩薩的大概情況介紹給讀者。

問：那獅吼菩薩沒有開光點眼，被封在裡面能聽得見嗎？

答：只能耳聞不能眼見。幸好碰到現在的主人與我溝通，才使我知道現在是民國。當主人幫我重新開光點眼後，我看見的世界跟以前是完全不一樣了。

問：點眼就用筆去點嗎？

答：用朱砂筆點眼，然後再點鼻、嘴等五官及四肢。

問：要點紅嗎？

答：對。要自然的紅。點眼睛就是要點眼睛的正中央。

問：這些沒有點眼的神靈，靈界上面的神仙為什麼不幫他們？

答：這也算是一種修煉。仙界把遇到的一些災難，當作是一種必須的修煉。

問：神靈可以看到這個世界所有的東西嗎？比如你（獅吼觀音），只是看到這邊的周圍，還是可以看到整個市區的情況？

答：坐這邊的話，能看到200公尺左右的地方。

問：這與神靈的功力有關係嗎？比如說千歲爺（在著者家的另一個神靈），他可以看得更遠嗎？

答：千歲爺（神靈）當然看得比較遠一點啦，能看到周圍700公尺左右。

問：也可以聽得到嗎？

答：可以看得到各種活動的情形，我們看到的房子都是透明的。

問：這是成仙的人，如果一般等待轉世人道的靈能看到嗎？

答：是沒有辦法看得很遠，只能看到房間裡面的東西。

問：那觀音菩薩或釋迦牟尼能看得更遠嗎？

答：這就要看功力了。很可能是幾個縣或是半個臺灣。

三、求神拜佛有用嗎？

問：到廟裡去拜拜，到底有沒有用？

答：應該是有用的。但是必須要告訴神靈，你的姓名，家住哪裡。

問：每天有成千上百個拜拜，神靈要怎麼處理？

答：當然會剔除一些。比如說求財類的，如果說這個人一直很努力，可就是差那麼一點，這樣的人就會得到幫助。

問：這個是神靈一看就知道，還是在人們拜拜時講了才知道。

答：會以我們的方式去觀察的。你是堅持用心努力的，只是時運不濟的話，那就會想辦法幫你。若你不是這樣的，只是去四處求助發大財，然後回來又什麼都不做的，絕對不會得到幫助。

問：廟裡的乩童，是神靈附身還是進入靈界？

答：神靈會找磁場類似、有佛根的人做乩童。

問：乩童傳達時，那些動作是什麼？

答：就是說等於神靈進到乩童的身體，然後那個思想和意志都是那個神靈的意思。真的乩童起乩時，是不會問你很多話的，只問名字及家住哪裡。如果起乩時，問很多很仔細的，十有八九不會是真的。因為他在問的過程中，就在揣摩你大概需要怎樣的答案。這就是所謂的假乩童。

問：一個人的壽命、財富等等，是百分之百天生註定還是七分是命，三分人為？

答：三分是命，七分人為。

問：命只有三分啊？

答：中國人不是都很注重自己的生辰八字嗎？同時生的兩個人，很努力的人，會憑自己的雙手和頭腦去創造成績。不努力的人，就會講我反正好命不用努力了，到了最後就會說，怎麼誰也不同情我呢？所以說凡事要靠我們後天去努力，去創造，不然給你再好的命，也是沒有用。

問：七月十五這些日子，對陰間有什麼意義？

答：陰曆七月，陰間放一個月的假期。

問：人間祭拜靈魂，比如供飯、供酒、燒紙敬香，還有燒紙屋等，對靈魂有用嗎？

答：有用的。菩薩只吃蔬果。其他靈魂，人類供的東西都能吃。燒紙錢很有用，有時還會存起來，待轉世時帶過來。

問：七月十五的中元普渡，在中午可以做嗎？

答：不管是什麼樣的拜祀，都不要放在中午。靈在正中午的時候，氣是最虛弱的。

問：早上八、九點鐘的時候可以嗎？

答：一般的祭祀或拜拜，儘量放在下午三、四點後至六、七點前，太陽不要真的完全下山之前，這時對靈來講是最快樂的時間，不然的話，會很不舒服的。

問：但是清明掃墓的話會很早就去呀？

答：踏青掃墓另當別論。最好在清晨，天不要太亮時是比較好。要一大早，不要等太陽升起的時候。

問：那些靈或菩薩半夜有休息嗎？

答：對靈來講是他們生活的開始。

四·死後37天的靈敘述死亡感受——

我的父親於２００７年元月４日凌晨去世。以下是我在２００７年２月11日和已往生的父親，所做的通靈對話。旁邊有人錄音筆記，父親（靈）的話由我轉述。這是他的靈魂最深刻清楚的告白。

今天是2007年2月11日。我是2007年元月4日凌晨去世的。在就要去世的那個時候真的很痛苦，元月3日我在加護病房裡，整個人一動也不能動。醫院給家屬探病的時間是早上11點，晚上8點，晚上家人來看我時，我真想跳起來說我今天要死了，可是沒有辦法動，更沒有辦法講，除了眼睛可以眨一下什麼都不能動。

凌晨要走的時候真是好害怕，那種感覺是叫天天不應，叫地地不靈。因為那個時候我全身上下插管子，整個的肉體很難過，肉體就像什麼都要斷了一樣，頭暈目眩的，想叫又叫不出聲，想哭又哭不出來，好像是有什麼東西把脖子掐住那樣。

最令我害怕的是在還沒有斷氣的時候，我看到了黑白無常。我隱隱約約看到一陣青紅色的光，有兩個黑白無常帶著一把鎖魂鎖，身後跟著一些冤親債主，就是我生前打仗被我打死的那些靈魂。我當時內心很恐懼，害怕得叫也叫不出來，想拚命逃又逃不掉。那個時候綁在身上做心電圖的機器都還在正常運轉，當時黑白無常沒有講話，倒是冤親債主先說話：「你的大限要到了，你現在終於可以看到我們了。」之後，黑白無常說：「今天是元月4日，你的大限時間是1點30分。現在是幾點幾分，還有兩分鐘。我們先到了，這些冤親債主要等你一句道歉。」

我那時真是無奈啊！頭一次感受到，原來人世間說的那種討債，真是有這麼一回事。我就跟那些冤親債主說：「對不起！」其實我對以前在戰爭中被我打死的人，一直有種內心的愧疚。生前的幾十年裡都會常常想起這些事情。當我把放在心裡面幾十年的痛苦講了出來，又當著冤親債主的面認錯之後，頓時覺得心中的大石頭放下了。當時那些冤親債主們也沒有表示要記仇的樣子。

時間一到，黑白無常將鎖魂鎖套上，當我被拉起來的那一刻，我反而坦然了。此刻醫療機器發出了一陣嘟嘟嘟的尖叫聲。這時黑白無常對我說：「不可以回頭，你已經陰陽兩隔了。」然後我就跟著他們走，那時我看到一道紅光，我們就朝著紅光的方向走去。這時候的走，已經不是肉體在走。很快，我被帶到了XX鎮市的城隍廟。到了那裡後，還不能馬上進去，還要在外面排隊等候。當時為怕我跑掉，都上了手銬和腳鐐。

那時黑白無常說：「你的大限時間是1點30分，不是醫院死亡證明書上寫的3點45分。你是生於中華民國二十年三月二十七日午時。」而我生前只知道自己生日是一九三一年（民國二十年）三月二十七日，不知道是幾時，可是黑白無常都幫我講清楚了。

鎖魂鎖一套住的時候，我就知道自己去世了。但那一刻自己還是茫茫然然，怎麼一下子就突然變得這樣了？首先感覺自己突然變得好輕好輕，還有突然間想拿什麼東西都沒有辦法拿起來，比如要拿杯子就沒有辦法拿，總之一切都變得不正常了。第一次感覺很特異的就是，見家人拜祭我燒的一桌子菜，我想吃，但就是沒有辦法拿筷子，最後只能類似香氣薰薰而已。但是有一點，你不要以為死了以後，病痛就沒有了，還是有的，只是比較輕微而已。比如說心痛還是會有微微的痛，腳痛也是會有微微的痛，直到現在還是這樣子。

在城隍廟門口等了兩個多小時才輪到我去城隍那邊。城隍爺先是跟我確認，你是某某人嗎？我說是啊！然後跟我講：「你是幾月幾日出生的，在什麼時候你做過什麼事情，什麼時候你有去過韓國打仗，你又是什麼時候來到臺灣。」我當時好驚訝，原來這裡都記載得那麼詳細。

城隍爺說我生前除了打戰之外，平時不偷不搶，還蠻善良的。然後就問我：「XX鎮市XX里有一個缺，你要不要去？」我說：「我已經傷了那麼多人，怎麼還可以變神呢？」城隍爺說：「你都不知道你以前都有做過一些善事？你開的包子店每個月的星期一在義賣。把賣包子的錢都捐獻給教會。」喔，是的，我想起來了。這是後來因為教會重建完成再加上我們搬家，有一段時間就沒有去捐款，之後就轉到了慈濟功德會。當時，我只是覺得這世界上還有蠻多的人比我家還困難，他們需要得到幫助我才去這麼做的。

在這四十九天之內，我要被關起來的。待在城隍旁邊，哪兒都不能去。如要出去，必須要上報。就像我現在出來與你講話，也是經過上報批准後才來的。從XX鎮過來，給了我60分鐘的時間。在這四十九天內如想回家看看，是可以的。但也有規定的，回自己的家是三次，看兒女的話就一次到二次。過了四十九天後就不行了。我現在到此來講述，都是經過報備的，進出就像犯人一樣，旁邊都有看管的，因為怕我們亂走亂跑。

要入神道的，必須在四十九天後了卻兒女情、夫妻緣。不是每一個過世的人，都要在四十九天後了卻兒女情、夫妻緣，這規定只對入神道的。如果是重新輪迴去投胎的話，那就要看審判結果。比如說三年之後要投胎，那三年之後，在你要投胎的前一刻，就要去喝孟婆湯（迷魂湯），當孟婆讓你喝下迷魂湯後，你就會記不得一切，那時方可再進行輪迴。

到XX里十四鄰當個小小土地爺，還要等兩年以後。因為生前不懂佛經，也沒看過佛書，更是沒有參拜過。在這兩年間先要進到佛經裡面，要去臺北市的恩主公廟聽經講道。第一階段先聽恩主公講道，講經文的意思，參透佛理，然後再去XX市的地藏王那裡。為什麼第二階段要去地藏王那裡呢？因為地藏王是管理陰間的一些事情的，跟著地藏王要瞭解一些土地爺的責任，並要學習如何掌管，還有一些法律、法令方面的事。管鄰里方面的那些事，比如說X月X日有誰出生或去世的，都要記錄下來，然後甲叫什麼名字，乙叫什麼名字，都要記錄下來。如是出生的話，這個出生日期一定要記得清清楚楚，人要死之前的兩三天還是一個禮拜，就要去通榜了，這就是你的責任。這兩年要去學會這方面的事，以後才可以去接管這方面的事。

我去世至今已經是三十幾天了，如問過世時的感覺，可以說剛開始的一個禮拜是不能接受的，覺得自己還有許多事情對家人還沒有交代，一下子死了，沒有了血肉之身，無法說明未告之事。剛去世的幾個小時之內，還會稍微感覺到家人在講話。可是聲音會越來越遠，就好像覺得聽到孩子們說：「爸爸你要往那裡走，你要去踩蓮花，你要去收元寶……」

現在能聽到妳的聲音，對別人的聲音聽不到，但能感覺得到人的心意。

人類有做頭七，對我們審判是沒有意義的。還是要靠自己本身在世時候的所作所為。

現在一般在世的人，過世往生的時候，家裡人會幫他擦身體啦、念經啦、做靈堂啦、還有拜拜、念腳尾經之類的，這些是在世的人做的事情。據師父講就是告訴死者，你已經去世，然後叫你好走之類的。其實那個經是多念的，因為黑白無常說過，每個人在去世的時，都會告訴他是什麼時候走，根本不用後世人告訴你已經走了或念什麼腳尾經的。如果說和尚或尼姑到靈堂上去念經超渡亡靈，比如說念什麼梁皇寶懺呢，會幫一點點。念腳尾經，可以確定是沒有用的。

我有收到家人燒的很多金銀財寶，還收到一百零八個紙折的蓮花，上面都寫有我的名字和我孩子的簽名手印，可是沒寫名字的那些元寶就被很多其他靈搶走了。在陰間拿元寶的意思，有點像因果之類的。等於說你下一次出生的時候，你帶給你以後父母的一些財產這樣子。但是家人燒什麼汽車、手機、電腦、電視給亡者，那是沒有用的，但是，燒衣服是有用的。

一般的金紙是小零錢、碎錢。在那邊比較有用的就是寫一千、五百那種冥界的錢。在這裡我要稍微講一下，據我所知那邊很窮，有的是祖先家裡的後世人燒些壓碎銀，根本不夠用。還要看你家親人有沒有寫名字，否則就被搶走了。因為很多人家燒很多的金箔，沒有燒什麼冥幣紙。其實那個金箔是零錢，一百元、一千元的那種冥幣票面比較大。買來後要在上面用紅筆寫某某姓、某某人，還要寫上燒給某某某，否則會被搶的。

要問陰間是怎麼用錢的？就是有點像類似陽間的錢，只是沒有這麼發達，有時候你必須要用一些財庫裡面的錢，去買一些東西。那裡沒有所謂的什麼電視，就是有小街，比如一條條的小街，只是一些日常的東西，大部分東西是吃的和用的。以上這些是我跟判官，要給生前那些冤親債主道歉，到第一殿、第三殿去的路途上看到的。那些冤親債主都是在第一殿、第三殿那兩個地方，所以其他地方就不知道了。可是能感覺到，在第一殿比較好一點，在第三殿就比較苦一點。那邊有一些簡單吃的和簡單用的，只是沒有像現在這麼樣的先進，在那裡是沒有什麼房子的。

等待輪迴的靈，可以隨便遊走，但必須要有一個小牌子，才可以自由出入。自由出入的固定住所大部分在自己陽宅的家。據我這幾十天來知道，靈要去哪裡，每一次都要迴避陽世間的廟，連那個有土地爺的地方都不准進去。除了去城隍廟，見地藏王，其他廟宇都不行。因為城隍廟是屬於地下人可以去申訴的地方。

在城隍那裡看到一些已經死亡的靈。有的要輪迴，有的下地獄，有的當神靈，我知道對方在講什麼，但沒有走過去，怕打擾人家交談。

在這裡要說一下，生命是寶貴的，不能隨便自殺，自殺死的要被判兩次。第一次判時，譬如城隍告訴你應到79歲才能死，而你是29歲自殺死的，那還有50年，先去枉死城關吧。然後到了79歲再來判一次。在枉死城裡，不斷地重複你當時自殺的情景，你割腕的，就一直讓你割腕，痛死你；你跳樓就一直讓你重複去跳樓，這是很痛苦的。我說啊，人遇到挫折，這可能就是一個考驗來臨，沒有過不了的關，就看你如何去應對。

最後我要說的就是人要多做善事，真的是有報應的。

時間（60分鐘）到了，我現在要回城隍那裡，我走了。

後記

從秀慈女士與神靈對話的經驗來看，我們可以知道人死後靈魂確實存在。儘管這是一個大部分人無法感受到的世界，但透過著者的敘述，我們得以一窺其中奧祕，不再對此感到害怕恐懼，也發現其實靈比人更加善良。在世時的作為，會決定往生後的命運。心存善念做好事的人，死後能享有平安喜樂；做壞事的人，則會受到相對的懲罰。再者，生命是可貴的，自殺而死的人，死後會重複做當時自殺的動作，警惕世人應當珍惜生命。存善心、做善事、戒貪念、知悔改，這些不僅是普世價值，更是神靈透過這本書，所要傳達的訊息。

本社編輯部

心靈札記